동일본대지진과 핵재난 — 와세다 리포트 5

문화유산의 보전과 부흥철학

자연과의 창조적 관계 재생

나카가와 다케시 · 나카가와 연구실 편
中川武
송완범 옮김

고려대학교출판부
KOREA UNIVERSITY PRESS

文化遺産の保全と復興の哲学: 自然との創造的関係の再生
中川武 編著

서문

큰 파도가 치는 느낌

30년쯤 전에 지바千葉의 소보外房에서 후쿠시마福島, 미야기宮城현의 바다를 따라 차로 갈 수 있는 데까지 가, 다시 이와테岩手현의 내륙에서 미야코宮古로 나와 시모키타下北 반도로 북상한 적이 있었습니다. 각지의 문화재 건조물을 돌아보기 위해서였고, 그때는 특별히 쓰나미津波를 의식하지는 않았습니다. 하지만 당시 리아스식 해안의 절벽 근처는 아직 길이 없었고, 그 탓인지 의외로 평탄한 평야부와 멀리서부터 하얀 파도가 반복해서 밀려오는 넓은 바다와 여름인데도 황량한 풍경 속에 원자력발전소(원전)의 건물 몇 개가 세상 물건이 아닌 것처럼 생소하게 보였던 기억이 지금도 새롭습니다.

그 후 쓰가루津經 사미센三味線〔아오모리青森현 쓰가루 지방에 전해지는 일본의 현악기의 하나인 사미센과 그 음악－옮긴이〕을 들을 때 쓰가루 사람들은 파도를 갈매기의 우는 소리로 여기기에 '우리들은 갈매기에 지지 않도록 연주합니다'라고 맹인 연주자가 말한 것이 인상에 남습니다. 사미센 연주는 부서지는 파도까지 생생하게 그려 내고 멀리서 들리는 큰 파도소리 같은 깊고 격렬한 것이었습니다. 대형 쓰나미로 자신의 가족이나 기억을 잃고 상처받은 사람은 지금도 계속 멀리서 들려오는 것만 같은 큰 파도소리에 불안에 느껴 할 말을 잃는지도 모릅니다.

키워드는 '문화유산과 자연'

이제부터 우리들은 동일본 대지진 이후의 부흥 연구를 위해 실로 다양하고 폭넓은 난제와 대면하지 않으면 안 됩니다. 그러기 위해 각계 전문 연구자 간의 연대가 무엇보다 필요합니다. 그리고 그 목적에 대해 서로 논의하고 확인하고 공유를 꾀해 가는 것이 중요하다고 생각합니다.

전문가의 입장에서 제안하고 싶은 것은 우선 '문화유산으로부터 배운다'라는 것입니다. 문화유산은 과거에 만들어진 유물(유형문화유산)로, 관광거리에 지나지 않는다고 생각하기 쉬울지도 모르겠습니다. 또한 민속예능 등의 무형문화유산은 똑같이 과거에 만들어진 형식과 틀을 단지 그대로 전승하고 있는 것에 지나지 않는다고 생각할지도 모릅니다. 그러나 두 가지 모두 그 본질은 어느 고유의 장소와 지역에 있어서의 사회와 생활 속에서 사람들이 역경과 대면하고, 그것을 넘어서서 살아가는 지혜와 감동을 미의 형식으로서 창조한 것입니다. 후세에서도 사람들이 그 가치를 인정하고 그것을 열심히 계승해 가는 노력에 의해 스스로가 놓여 있는 환경 속에서 새로운 생의 창조를 향해 가는 계기가 되고, 길이 되고, 교사가 되고 격려가 되어 왔던 것입니다.

한편 인간의 역사는 문명과 과학 발전에 힘입어 자연과의 일체적 합일을 벗어나 이룩해 가는 일면이 있습니다. 그것은 자연으로부터 무한히 멀어져 가는 상징이라고도 할 수 있을 것입니다. 그러나 원래 인간이란 자연을 포기할 수 없는 존재이기도 합니다. 인간이란 존재가 자연 그 자체인 것과, 자연으로부터 끊임없이 떠나려고 하는 벡터(크기와 방향으로 정해지는 양-옮긴이)의 긴장관계야말로 인간의 본질이라고 할 수 있을지 모릅니다.

현대는 이러한 의미에서의 양자 사이의 긴장이 요구되는 것 같습니다. 그래서 우리들은 모든 연구과제의 기초와 기축의 키워드로 '문화유산과 자연'을 선택하고자 합니다.

2012년 3월

나카가와 다케시中川武

차례

제 1 장 연구의 배경과 시점

이와테현 오츠치초大槌町 우스자와시시오도리臼澤鹿子踊(고즈치小鎚 신사 경내에서, 2011년 9월)

나카가와 다케시中川武

1. 자연과의 조화와 문화유산

동일본 대지진은 대규모 쓰나미와 후쿠시마 제1원자력발전소 사고에 의해 엄청난 인명손실과 광범위한 지역의 주택, 산업기반 등에 대한 물리적·경제적 피해를 초래했을 뿐만 아니라, 현대 문명에 대해 근본적으로 다시 생각하게 하였다. 현대의 일상생활을 지탱해 온 고도 기술환경과 행정 네트워크 등은 상당한 기간 기능부전에 빠졌고 그들의 문제점이 백일하에 드러났다. 그들의 참상은 더 이상 늦출 수 없는 구원과 장래의 부흥을 향한 근본적인 과제를 우리들에게 제시했다. 또 국내·외를 불문하고 물심양면 많은 구조활동이 재해지로 밀려든 것도 감명 깊다.

작은 공동체에서의 상호부조와 자연과의 친화 없이 생존이 불가능했던 우리들 인류는 원시부터 지금의 고도하게 인공적, 공리적, 편익적인 기술사회까지의 긴 역사를 시야에 넣고서, 이번 과제에 정면으로 맞서지 않으면 안 된다. 즉, 재해지의 복구에만 그치는 것이 아니라 일본 국토 전체와 국제관계까지를 시야에 넣어 철저하게 재검토하여 배울 것은 배우고, 고쳐야 할 것은 고치고, 강화할 것은 강화해서, 살아남기 위해 역사적이고 선진적인 예지를 결집해야 한다고 생각한다.

2. 안전성이란 창조성이다

1) 문화유산에 숨겨진 지혜

그러기 위해 첫째로 우선 가까운 전통 문화를 다시 주시해야 한다. 예를 들면, 이번의 쓰나미 피해에는 예로부터의 문화재 건조물은 그다지 많이 포함되어 있지 않다. 또한, 고지대의 거주지와 해안가의 망보는 작은 배를 능숙하게 사용해 온 예전부터의 어촌 집락 중에는 결정적인 피해를 피한 예도 적지 않다. 동북지역 해안부에는 역사상 몇 번이나 큰 쓰나미가 밀려왔었고, 긴 역사적 체험 속에서 자연과 밀접하게 살아온 사람들의 지혜가 문화재 건조물의 입지에 대한 생각이나 마쓰리 등의 무형문화유산을 즐기는 방법 속에는 안전의식이 스며들어 있다. 그것에 우리들은 주목할 생각이다. 재해나 재해경감減災의 전승에 의해 살아난 목숨도 많이 있어, 문화유산에 숨겨진 묻혀 있는 지혜를 더욱더 발굴할 필요가 있다.

하지만 더욱 곤란한 것은, 자신들의 위험을 계속 알면서 바다 가까이에 살 수밖에 없었던 사람들의 심정을 헤아리는 것이다. 많은 사람이 어딘지 모르게 느꼈던 위화감이나 먼 바다의 울림海鳴의 징조를 알아차리면서, 원자력발전을 받아들이지 않을 수 없었던 것은 아닐까. 이것에 정면으로 마주 대하지 않고는 미래의 도시는 개척될 수 없는 것이다.

2) 연구자에게 주어진 사명

동북지역 지방의 커다란 특징 중에 마쓰리가 있다. 조용한 리듬과 어딘지 모르게 묘한 분위기의 음·색·형태·움직임이 녹아 들어간 육체의 광란으로 앙양해 간다. 거듭되는 지진, 쓰나미, 냉해, 과도한 세금重税으로부터 흩어져 도망간 사람들이 자연 속에 들어가 동물이나 영혼의 세계와도 절대적으로까지 일체화하는 것에 의해서만 살면서 얻는 것이 가능한, 즉 사는 것의 즐거움의 경지에까지 도달한다. 터무니없는 재난을 유유낙낙하게 받아들이고 있는 것처럼 보이고, 실은 어느 틈엔가 그것을 환희의 경지까지 높여서 살아온 것은 아니었을까. 거기에는 니힐리즘이 아닌, 부지런히 전념한 궁리와 일상 속의 역전의 사상, 즉 창조적인 프로세스가 엿보이는 것은 아닌가.

물론 전통적인 문화와 사고방식에만 기대기에는 현대 세계는 지나치게 가혹하고 너무나 위험하여 과학기술의 힘은 불가결하다. 하지만, 도도한 인류의 역사 속에서 길러진 소중한 지혜와 자연에 뿌리 내린 문화를 근거로 한 현대적인 주거, 도시, 산업도 있다. 그것을 가능하게 하는 것이 이번 대지진의 교훈이며 우리들 연구자에게 주어진 사명이다.

예를 들어 방파제의 높이를 15m로 하고, 고지대로 거주지를 옮긴다고 해서 반드시 안전하게 살 수 있는 것은 아니다. 그 검토의 프로세스를 우리들이 커뮤니티와 사회, 지역과 국토, 그리고 우리들 자신의 생활과 인생을 만들어 가는 과정으로 받아들여 스스로 참가하고 결정하며 거기에서 기쁨을 찾아낼 때, 즉 창조의 과제에 편입할 수 있을 때 비로소 안전한 도시와 사회의 가능성이 생기는 것이라고 생각한다.

문화유산으로 상징되는 안전하고 창조적으로 살기 위한 자연과의 조화사상을, 현대적인 도시정비를 위해서 축적되어 온 과학적, 기술적, 경제사회적 시스템으로 이어질 수 있도록 하는 방법을 창조할 수 있는가가 우리들 연구의 주안점이다.

3. 연구 진척의 기본 방침

이상의 입장에 서서, 본서에서는 연구를 진행하는 데 있어서 아래와 같은 점에 주의했다.

① 지금까지 와세다대학 및 연구 분담자 등이 구축해 온 네트워크를 활용하여 구체적인 지역의 주민, 행정, 연구조직과 면밀히 서

로 연락을 취하며 오랫동안 교류하는 것을 전제로 한다.

② 재해의 실태를 소프트 면, 하드 면으로 힘을 다해 구체적으로 파악하여 지금까지 채집된 구조, 복구의 상황과 함께 지역주민이나 행정과의 사이에서 부흥 비전을 공유한다. 그리고 부흥과 동시에 지역의 미래를 창조하는 것으로 이어지는 도시정비 계획안을 지역과 함께 모색한다.

③ 그때, 구원·복구·부흥·미래의 단·중·장기의 시간적인 과제의 차이와 함께 상호관계 이해의 공유화를 도모한다.

④ 구체적인 지역에 대해서 그 지역의 고유성과 함께 주변 지역, 동북지방, 일본 국토, 동아시아, 세계와의 유형·무형의 네트워크상에 존재하는 것의 이해를 공유화한다.

⑤ 연구팀을 유형·무형문화유산 연구, 건축·도시계획 연구, 사회기반 연구, 사회 시스템 및 커뮤니케이션 시스템 연구의 각 연구자 간의 제휴팀으로 구성해서 몇 개의 팀으로 나누어 구체적인 지역 조사에 임한다.

⑥ 당 와세다대학연구팀을 플랫폼으로 해서, 국내외 대학·연구기관의 각 연구팀과 연계하여, 고유의 문화에 입각하면서도 세계적 네트워크와 세계사적 시야의 구축을 지향한다.

⑦ '문화를 소중히 하고 자연과 조화하는 도시정비'라기보다 문화와 자연 각각이 독립한 중요한 가치이며 그 둘을 양립시키기 위한 기술적 기반과 사회 시스템을 갖춘 도시정비로 한다.

⑧ "삶에는 생명·생활·인생의 세 가지가 있으며 그 세 가지를 갖추는 것이 전인간적인 권리의 회복이다"(우에다 빈上田敏)라는 입

장에 서서 그 세 가지에 대응하는 도시정비로서, 안전·안심·창조를 지향한다.

제 2 장 동북지역의 유형문화재

쇼와 초기 건축 3층 건물로 점포가 딸려 있는 사무실. 1, 2층이 쓰나미로 소실.

마나베 레이코真鍋怜子

1. '기도'로서의 건축물

1) 선인의 경구

'천재天災는 잊힐 무렵 찾아온다'. 방재에 대한 이 경구는, 전전戰前의 일본 물리학자이며 수필가·시인으로도 활약한 데라다 도리히코寺田寅彦 씨(1878-1935)가 처음 말했다고 한다. 실제로 본인의 저서에 이 경구가 이 말 그대로 적혀 있는 것은 아닌 것 같지만, 이마무라 아키쓰네今村明恒 씨에 의한 저서《지진의 나라》(문예춘추신사, 1949년)에는, "천재天災는 잊을 무렵 온다,고 데라다 박사가 간토關東대지진 후, 어떤 잡지에 적은 경구였다고 기억하고 있다"라고 쓰고 있다.

당연하지만 이번 동일본 대지진에서의 쓰나미 같은 천재가 일어난 것은 처음이 아니다. 과거에 동북지방에 커다란 영향을 끼친 지진에는 869년의 조간貞觀 지진, 1611년 게이초慶長 지진, 1896년의 메이지 산리쿠明治三陸 지진, 1933년의 쇼와 산리쿠昭和三陸 지진, 1960년의 칠레 지진이 있다. 특히 쇼와 산리쿠 지진 후에는 야마구치 야이치로山口弥一郎라고 하는 연구자에 의해서 고지대 집락의 유적과 쓰나미의 관계가 조사되었다. 그의 연구에서는 산리쿠 연안에 피해를 끼친 쓰나미를 겪고 위험성이 높은 연안부에서 산간지역으로 마을을 이전한 경우에도, 몇 년 안에 돌아오는 예가 많았다는 것이 명확하다. 그의 저서 《쓰나미와 마을》(恒春閣書房, 1943년)은 1943년 9월에 발간된 것이지만 이번 지진 재해를 계기로 사람들의 관심이 높아져서 2011년 6월에 복간되었다.

2) 한계선 위의 건축물

우리들은 설령 과거의 고통스러운 경험이 있다 하더라도, 위험성이 높은 연안부 영역에 이르는 한계선과 같은 경계를 넘어서 건축물을 건립한다. 그리고 이 한계선 위, 혹은 그보다 더욱 연안에 가까운 영역에 어떠한 종류의 건출물이 있는지를 생각해 보는 것은 의의가 있지 않을까.

사람들은 과거에 일어난 쓰나미를 잊은 것은 아니라 하더라도, 어업 등의 생업을 찾아서 서서히 해안선에 다가가 생활하는 경향이 있다고 할 수 있다. 그렇지만 건물 종류로 민가만이 아니라, 예를 들면 그 한계라인 위에 신사 불각이 많이 산재한다면, 그것들을 자연의 위협에 대한 '기도'로써의 건출물로 보는 것도 가능할지 모른다. 자연의 노여움을 가라앉히고 싶다는 바람, 이러한 소원을 비는 종교적 행위의 발현으로 유형문화재를 다시 살펴보기로 한다.

2. 관련 단체의 피해 상황 조사

1) 문화청의 활동

동일본 대지진 발생 직후부터 다양한 기관에 의해 문화재 건조물(지정, 등록, 미지정의 구분이 있다)의 피해 상황의 조사가 행해져 수리·복원 등의 기술적 지원이 실시되었다. 조사 대상을 특화한 단체나, 전문지식이 다른 경향의 조직도 있다. 상호 협력 방법이 모색되어, 현재 활동이 실시되고 있다.

예를 들면, 문화청은 국가 지정 문화재(국보, 중요 문화재, 명승, 사적)에 관한 피해 보고를 정리했다. 가장 초기 단계에 상황을 파악한 것이 그 특징일 것이다. 사단법인 일본건축학회(이하, 건축학회)는 문화청과 연계 협력하여 재해를 당한 문화재 건조물의 피해 상황을 조사함과 동시에, 응급처치 및 복구를 위한 기술적 지원 등을 행하고, 귀중한 문화재 보호를 목적으로 하는 동일본 대지진 피해 문화재 건조물 복구지원사업(문화재 닥터 파견사업, 기간 2011년 4월 27일부터 2012년 3월 31일까지)을 실시했다. 이 사업은 건축학회가 문화청과 연락 조정한 후 실시한 것으로 동 학회는 현지 대응을 위한 전문가를 파견하여, 전통적 건조물군 보존지구에 대해서는 현지 시·정·촌과의 정보공유, 각지의 교육위원회와의 제휴, 기부금·의연금을 밑천으로 한 문화재보호·예술연구조성재단으로부터의 조성을 받는 등의 역할을 맡았다. 문화청은 피해지의 각 시·정·촌 및 각 도현都県과 정보를 공유하고 소유자·관리단체로부터의 요구에 맞는 문화청 직원의 파견, 각 도·도·부·현의 교육위원회나 관계 단체에 대한 문화재 전문 직원의 파견요청을 실시했다.

그 후 건축학회에서 역사적 건물을 정리한 데이터베이스에 등록되어 있는 물건 중 국가등록문화재 미지정의 건물도 순서대로 조사되었다. 한편, 지방공공단체에서는 지정문화재의 피해 조사가 주로 행해져 피해의 실태가 정리되었다.

2) 건축학회 전문연구위원회의 보고

건축학회 간토지부 건축역사·의장전문연구위원회의 주사主査를 맡고 있는 야마자키 다이스케山崎鯛介 씨에 의한 역사적 건조물의 피해 상황의 보고도 실시되었다(《건축잡지》 2011년 8월호, 건축학회).

한편, 야마자키 씨의 보고에 앞선 2011년 4월 말에는, 동 위원회에 '피해특별조사 연구워킹그룹'이 설치되어, 동북지역·간토에 걸친 조직적인 조사가 실시되고 있다. 이 조사 결과가 《2011년 도호쿠 지방 태평양 앞바다 지진 재해 조사 속보》(건축학회, 2011년 7월, 이하《조사 속보》)의 '7·12 지정문화재 건조물의 피해'에 보고되어 있다. 그것에 의하면 등록된 건조물의 개수가 많은 것도 있지만, 등록 유형문화재(건조물)의 피해 건수가 290건으로 많았던 점, 피해를 입은 국보·중요 문화재 건조물은 1도 14현에서 130건에 이르러 자연재해가 일으킨 역대 최대급의 피해였다고 하는 점, 지진에 의한 피해에 대해서는 종래로부터의 지진피해의 범주를 크게 벗어난 것은 아니라는 점, 대체로 근년에 수리를 끝낸 건조물, 특히 구조보강을 실시한 건조물의 피해는 적었음이 확인되었다.

3. 지도 제작에 의한 피해분포 조사

1) 조사 대상인 동북지역 3현의 유형문화재

상기와 같이 지진 재해에 의한 역사적 건조물 피해 상황에 대한 조사는 많은 조직이 신속하게 제휴하면서 실시되었다. 그리고 피해 상황을 보다 세밀하게 조사하는 것이 아니라, 다른 접근 방법을 시도했다. 우선은 이와테현, 미야기현, 후쿠시마현의 유형문화재 목록을 작성했다(표 2-1). 그런 다음 그 유형문화재 목록 중 이와테현을 예로 건조연대를 나눠 지도를 제작했다(지도 2-1). 특히 쓰나미에 의한 피해가 이와테현 내에서는 많았기 때문에 지도를 제작할 때 단순히 헤이안平安, 가마쿠라鎌倉 등의 시대 구분이 아니라 커다란 쓰나미를 경계로 해서 그 전후를 하나의 시기로 취급하기로 했다.

표 2-1. 조사 대상 유형문화재

현명県名	국보	국가 지정 및 지정등록	현 지정	그 외 특별 명승
이와테현	34	151	103	1
미야기현	19	25	54	14
후쿠시마현	47	190	26	2

지도 2-1. 이와테현 유형문화재 연대별 지도 제작

표시: 국가 지정	표시: 현 지정	표시	경계가 되는 재해
⬢	⬡	죠간(貞觀)11년(869)	죠간 대지진 쓰나미
■	□	게초(慶長)16년(1611)	게초 대지진 쓰나미
◆	◇	메이지 29년(1896)	메이지 산리쿠 앞바다 지진 쓰나미
▲	△	쇼와 8년(1933)	쇼와 산리쿠 앞바다 지진 쓰나미
●	○	쇼와 35년(1960)	칠레 지진 쓰나미
이하의 지정 없음			

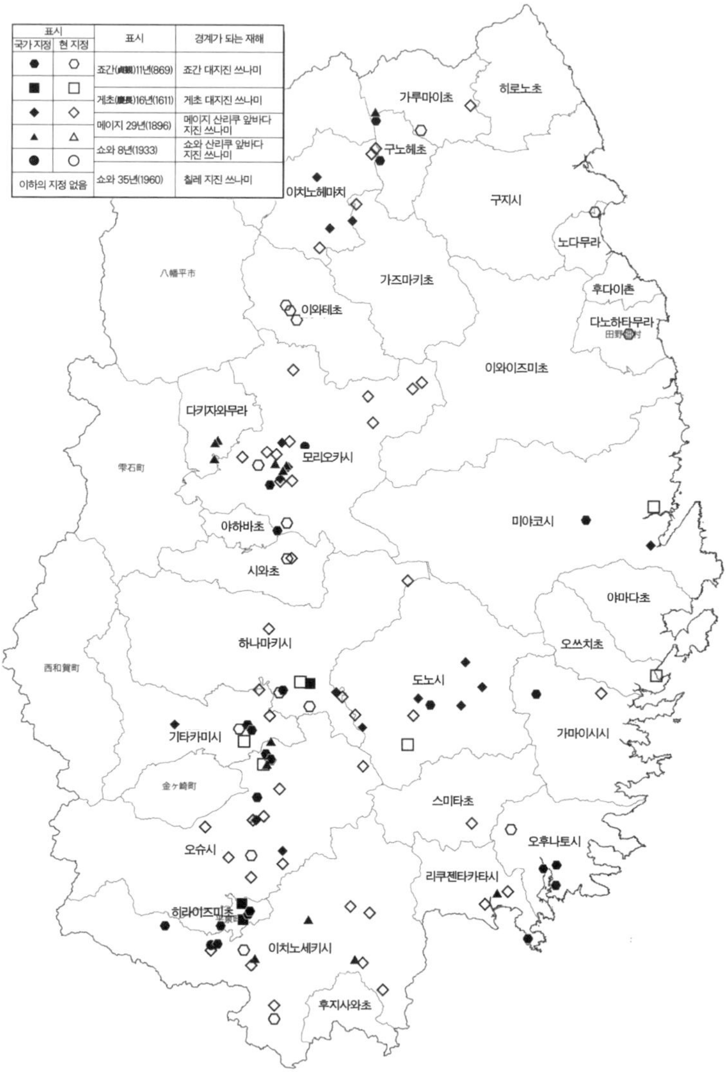

주: 이와테현의 국보 · 중요 문화재, 국가 지정, 현지정 문화재 중 주소가 확정된 것에 관해서만 지도 제작을 실시하였다.

2) 이와테현의 피해 상황

문부과학성에 의한 2011년 6월 9일 9시부의 보도발표에서는 동일본 대지진에 의한 피해 정보로 이와테현의 물적 피해는 국립학교 시설 5교, 공립학교 시설 437교, 사립학교 시설 67교, 사회교육·체육, 문화시설 등이 372시설, 문화재가 30건, 합계 911이라고 되어있다. 모든 도도부현의 문화재 피해는 당일 현재의 합계가 568건으로 이와테현의 문화재 피해는 전체의 약 5%가 된다. 또, 피해가 있었던 주된 문화재로 이와테현 모쓰지手越寺 정원에 비치되어 있는 입석立石의 경사를 이 속보에서는 들고 있다.

또한《건축잡지》2011년 8월호에서는 이와테현의 상황에 대해, "연안 남부에서는 쓰나미에 의한 피해가 커서 리쿠젠타카타陸前高田시의 등록문화재는 모두 완전히 파괴되었다. 내륙부에서는 북부에 비해서 남부에 피해가 크고, 오쿠카와奥川시 마에사와前沢구에서는 흙담의 붕괴가 현저했으며, 듣기로는 규모가 큰 지진本震으로 들뜬 벽면이 여진으로 무너진 경우가 많다. 이치노세키一関시, 도오노遠野시에는 다이쇼기에 조영된 석조, 벽돌조, 흙벽조의 등록문화재가 많으며 이들 대부분이 피해를 입은 것 외에, 목조 구조의 건물에도 주축 틀이 뒤틀리는 피해가 보였다"라고 하여, 쓰나미와 문화재의 관계를 생각하면 이와테현을 조사 대상으로 하는 것이 적당하다고 생각했다.

3월 11일에 이와테현 내에서 진도5약 이하를 기록한 지역에는 미지정·미등록의 물건도 포함하면 문화재 건조물이 합계 1,677동 존재한다. 건축학회에 의한 제1차 긴급조사에서는 이 중 현 내에

80동 존재하는 등록 유형문화재(건조물) 모두와 미지정·미등록 건조물의 일부에 피해 상황이 확인되었다. 연안 남부에서는 쓰나미에 의해 막대한 피해를 입은 리쿠젠타카타시의 등록 유형문화재가 완전히 파괴된 점이나, 구체적인 예로 '센다이야텐포켄슈오쿠仙臺屋店舗兼主屋'에서는 지진 재해 전에 보강공사를 실시했었기 때문에 지진에 의한 피해는 거의 보이지 않았다는 점, 대나무로 심을 넣은 콘크리트조의 '초자타키바시長者滝橋'에서는 특히 피해가 보이지 않았다는 점 등이 보고되었다.

전체로 지진 강도에만 시선을 돌리면 5강과 6약에서 피해 정도에 커다란 차이가 인정되는 것 같지만, 흙벽조의 피해가 붕괴 등의 막대한 것임에 비해 목조로 구성된 골조공법으로 만든 건조물의 피해는 비교적 경미한 지역도 있었다는 보고가 있다(《조사속보》, pp.146-147).

3) '문화재'란

그런데 지진 재해 이전에 등록되었던 유형문화재의 분포를 파악하는 것을 시도한 것은 모두에서 다룬 내용도 당연하게 포함되지만, 역사적인 시점으로 천재와 문화유산의 관계를 탐구하는 것을 목적으로 하기 때문이다. 예를 들면, 동북지방의 내륙부에 비해 산리쿠 연안부에 분포하는 유형문화재가 현저히 적은 것은 지금까지의 쓰나미에 의해 떠내려갔을 가능성이 있다고 생각된다.

단, 이 조사에는 유의하지 않으면 안 될 것이 있다. 즉, 유형문화재 혹은 '문화재'라고 하는 개념이 존재하지 않는 때였으면, 사람들이 후세에 남기고 싶다고 생각할 것 같은 유형의 역사상 또는 예술상 가치가 높은 것이 원래 산리쿠 연안부에 존재하지 않았었다고 하는 것도 생각할 수 있을 것이다. 그 때문에 쓰나미 등의 천재에 의해 건물이 소실되었다고는 반드시 딱 잘라 말할 수는 없다는 측면도 가지고 있다. 가령 산리쿠 연안부에 분포하는 유형문화재가 현저히 적은 경우, 산리쿠 연안부에는 쓰나미에 의해 유실된 후에 새로운 문화재를 만들어 낼 만큼의 잠재력이 없었다고도 생각할 수 있으며, 혹은 유형문화재는 어떠한 이유로 쓰나미 상습 피해 지역을 피해서 건설되어 있었다고도 추정할 수 있다.

이번 조사 대상으로 삼은 유형문화재는 이와테, 미야기, 후쿠시마 세 현의 건조물, 사적 및 천연기념물 등을 포함하는 특별 명승이라고 불리는 것이다(지도 제작에서는 이와테현을 예로 들었다). 한편 지역민들에게는 통근길 도중에 서 있는 별 다를 것도 없이 평범한 아는 사람의 집이나, 자주 만날 약속을 했던 건물이 더 친밀감이 있을지도 모른다. 내방자에게 있어서는 시·정·촌에서 지정 등록한 문화재 중에 인상에 남는 것이 있을지도 모른다.

공동체의 정신적인 유대가 되는 것은 애착이 있는 무명의 건물에서부터 특정 유형문화재까지 다양할 것은 확실하다. 형태를 가지는 것은, 설령 그것이 부서졌다고 해도 사람들의 기억 속에 계속 존재하는 것이 있을 것이다. 그 때문에 조사를 하는 중에 '문화재'라고 하는 것의 진짜 의미, '문화재'로 등록될 때의 가치 기준이 되는 것을 생각하게 된 것도 사실이다. 가능하면 그와 같은 이름 없는 건물도 조사 대상으로 해야만 하겠지만, 그것들까지 포함해서 검토하면 너무 방대한 수가 된다. 그런 까닭으로 구체적인 건물 정보가 조사·공개되어 있는 국가·현에 의해 지정된 유형문화재만을 구상 차원의 작업에서 취급하기로 했지만, 향후 그 배후에 숨은 문화재나 발견되지 않은 귀중한 건물의 존재를 부상시키는 작업을 진행하는 것도 중요하다고 생각한다.

4) 지도 제작을 통해 알 수 있는 이와테현의 개황

지도 제작 작업을 실시한 결과, 산리쿠 연안부에는 내륙부에 비해 유형문화재가 극단적으로 적다는 것이 명확해졌다(표 2-1). 또, 이와테현의 기타카미가와北上川의 본류를 따라서 남북 약 120km, 동서 약 15km의 저지대(기타카미 평야)에 국가·현이 지정한 유형문화재가 나란히 이어지는 것처럼 많이 줄지어 늘어선 것도 매우 흥미로운 결과일 것이다. 이 지역은 일본 유수의 쌀 생산지이기도 하고, 일찍이 어업이 지금처럼 산업으로써 힘을 가지지 못했다는 것을 이 지도 제작의 결과가 나타내고 있다고도 생각할 수 있다. 한편 비교적 오래된 건물이 연안부에 남아 있다는 것도 분석할 수 있다. 가령 근대 이후의 유형문화재만이 산리쿠 연안부에 존재하고 있었던 경우 근대 이전의 쓰나미로 건물이 전면적으로 유실되었을 가능성을 지적할 수 있었지만, 이와 같은 결과에 의해 그 가능성은 낮다고 말할 수 있다. 하지만 부분적인 지역을 포착한 경우는 그렇다고도 잘라 말할 수 없다. 이번의 동일본 대지진에서도 연안부에 있더라도 피해를 그다지 받지 않았던 지역이 있었다.

5) 개개의 사례 검토

지도상에서 알기 쉽게 확인할 수 있는 것처럼, 지도 제작 때에는 큼직한 표시를 사용했지만, 쓰나미의 피해가 어느 정도 내륙부까지 이르렀는지 사례마다 다르다는 것도 덧붙여 생각하면 엄밀히는 건물의 위치와 쓰나미가 엄습한 지대 양자의 경계를 확실히 확인할 필요가 있었다. 여기에서 이번 동일본 대지진의 쓰나미에 의한 침수 지역을《동일본 대지진 쓰나미 세부 지도(상·하권)》(原口強·岩松暉, 古今書院, 2011년) 및《동일본 대지진 부흥지원 지도》(黒田茂夫, 昭文社, 2011년)를 참고로 조사했다. 〈지도 2-1〉에서 산리쿠 연안부에 위치하는 문화재가 쓰나미에 의한 침수 피해를 받았는지 어떤지를 알기 위해서 소재지와 침수 지역을 대조했다.

(1) 노다野田, 미야코宮古, 오쓰치大槌, 오후나토大船渡의 상황

예를 들면, 현 지정인 '노다野田 수혈주거지군'(노다촌)은 가까운 도카우라十府ヶ浦 부근은 물론, 심한 곳은 연안에서 내륙부에 걸친 약 1km나 침수한 가운데 입지가 해발고도 100m 정도의 구릉지에 있었기 때문에 침수에 의한 피해를 받지 않았다. 현 지정의 '조도가하마浄土ヶ浜'(미야코宮古시 구와가사키鍬ヶ崎)에서는 북동부의 후미는 쓰나미 침수 범위가 크지만, 남동부의 다테가사키舘ヶ崎에서 하카마시마袴島에 걸쳐서는 그다지 내륙부까지 침수 범위가 넓게 펼쳐져 있는 것은 아니다. 또한 미야코시 구와가사키에 위치하는 국가 지정 '사키야마崎山의 양초바위'는 추정 쓰나미 침수 범위에 포함된다.

이와테현 남부를 주목해서 보면 현 지정의 '오쓰치大槌성의 유적'이 있지만, 이 지역의 북부에 위치하는 나미이타浪板 해안이나 남부의 기리키리吉里吉里 3가 부근과 비교해 이 근방만 쓰나미의 침수 범위가 작다. 이것도 해발고도와 해안의 만곡 형태가 관여하고 있을 것이다. 또한 패총은 원래 표고가 높은 장소에 만들어지는 경향이 있으므로 당연하긴 하지만, 국가 지정의 '시모후나토下船渡패총'(오후나토大船渡시 오후나토초)도 쓰나미에 의한 침수는 없다. 아카사키赤崎 초등학교 부근이 거의 침수되어 있음에도 불구하고, '오호라大洞 패총'(오후나토시 아카사키초)나 '다코노우라蛸ノ浦패총'(오후나토시 아카사키초)도 피해를 부분적으로 면했다.

(2) 리쿠젠타카타의 상황

리쿠젠타카타시에서는, 오토모小友역 주변이 거의 침수되었지만 가까운 국가 지정 '가조우지노 호우쥬 소나무華蔵寺の宝珠マツ'(리쿠젠타카타시 오토모초)의 입지는 침수 지역으로 나타나있지 않다. 같은 지역이지만 국가 지정의 '자가사키蛇ヶ崎'(리쿠젠타카타시 오토모초)는 연안부가 추정 침수 쓰나미 범위라고 기록되어 있다. 그 외에 현 지정 '후몬지普門寺의 백일홍', '후몬지 삼층탑'(리쿠젠타카타시), 현 지정 '조젠지의 늙은 삼나무〔常膳寺の姥杉〕'(리쿠젠타카타시 오토모초)는 위치적으로 연안에서 떨어진 곳이었기 때문에 쓰나미에 의한 피해는 받지 않은 것 같다.

네사키根岬 어항이 괴멸적인 침수 피해를 받았지만, 그 근방이고 게다가 섬임에도 불구하고 국가 지정 '쓰바키시마椿島 갈매기 번식지'(리쿠젠타카타시 히로타초広田町)는 쓰나미 피해가 전혀 없었다. 섬으로 열거되는 현 지정물에 이 외에는 '히데시마日出島 바다제비 번식지'(미야코시 구와가사키鍬ヶ崎)나 '아오마쓰시마青松島'(리쿠젠타카타시 히로타초)가 있지만, '쓰바키시마 갈매기 번식지'와 다름없이 역시 쓰나미 피해는 없었다(지도 2-2). 현 지정의 '다카타마쓰바라高田松原'(리쿠젠타카타시 다카다초高田町), 현 지정의 '요시다가吉田家 주택'(리쿠젠타카타시 게센마치気仙町)는 가장 쓰나미 피해가 큰 지역이었기 때문에 그 영향을 받았다. 따라서 결코 바다와의 거리에 의해 피해 상황을 추측하는 것이 불가능하다는 어려움이 있는 것을 알 수 있지만 적어도 고지대는 비교적 안전한 환경이라는 것은 틀림없을 것이다.

지도 2-2. 이와테현 리쿠젠타카타시 히로타초

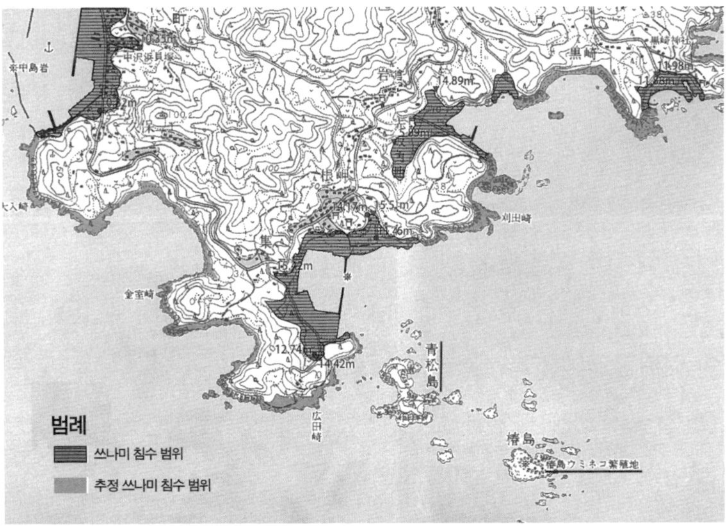

주 : 필자가 가필과 수정을 했했다.
출처: 原口強·岩松暉, 《동일본 대지진 쓰나미 세부지도(상권)》, 고금서원, 2011년, p.45.

(3) 쓰나미 상습 피해 지역의 취락 상황

계속해서, 전술한 연구자인 야마구치山口 씨의 견해에 입각하여 이와테현의 쓰나미 상습 피해 지역常襲地의 취락지구를 ★표를 사용해 지도를 제작했다(지도 2-3). 예상대로 역시 산리쿠 연안에 따르는 결과를 얻었다. 이 연안부는 '리아스식 해안'이라고 불리며 지반 침강 혹은 해수면 상승과 동반해서 해수의 진입을 받아, 산등성이와 골짜기 부분이 서로 번갈아 반복되는 반도와 후미로 이루어진 복잡한 지형이다. 주위보다 파고든 지형의, 쓰나미 높이가 가장 커지는 곳에서 피해가 막대했다는 것을 알 수 있다.

〈지도 2-1〉, 〈지도 2-3〉을 서로 겹쳐 보는 것으로, 유형문화재의 지도 제작과 쓰나미 상습 피해 지역에서의 취락지구 지도 제작과의 상호 관계를 고찰했다(지도 2-4). 〈지도 2-4〉를 확인하면 〈지도 2-1〉에서는 산리쿠 연안에 유형문화재가 적고, 〈지도 2-3〉에서는 산리쿠 연안에 쓰나미 상습 피해 지역의 취락지구가 늘어선 결과가 얻어졌다는 것에 의해 상호 관계에 있어서 다양한 가능성을 들 수 있을 것이다. 한편 쓰나미 상습 피해 지역에서 취락지구가 형성된 연대가 새로울 뿐이라고 하는 것도 생각할 수 있을 것이다. 또한 이전부터 어떠한 이유로 유형문화재라는 것이 존재하지 않았을 가능성이 있다고 하는 것도 전술한 대로이다.

6) 쓰나미 관련 전승이 남아 있는 문화재

이렇게 지도 제작에 있어서는, 쓰나미의 피해 상황이 지역에 의한 환경의 조건에 좌우되기 때문에 역사적인 시점에서의 천재와 문화

지도 2-3. 이와테현에서 쓰나미 상습지의 취락지구 지도 제작

지도 2-4. 유형문화재와 쓰나미 상습지 취락지구와의 상호 관계

표시		연대	경계가 되는 재해
국가 지정	현 지정		
⬣	⬡	조간貞観 11년(869)	조간 대지진 쓰나미
■	□		
◆	◇	게이초慶長 16년(1611)	게이초 대지진 쓰나미
▲	△	메이지 29년(1896)	메이지 산리쿠 앞바다 지진 쓰나미
●	○	쇼와 8년(1933)	쇼와 산리쿠 앞바다 지진 쓰나미
(이하의 지정 없음)		쇼와 35년(1960)	칠레 지진 쓰나미
★		쓰나미 상습지	

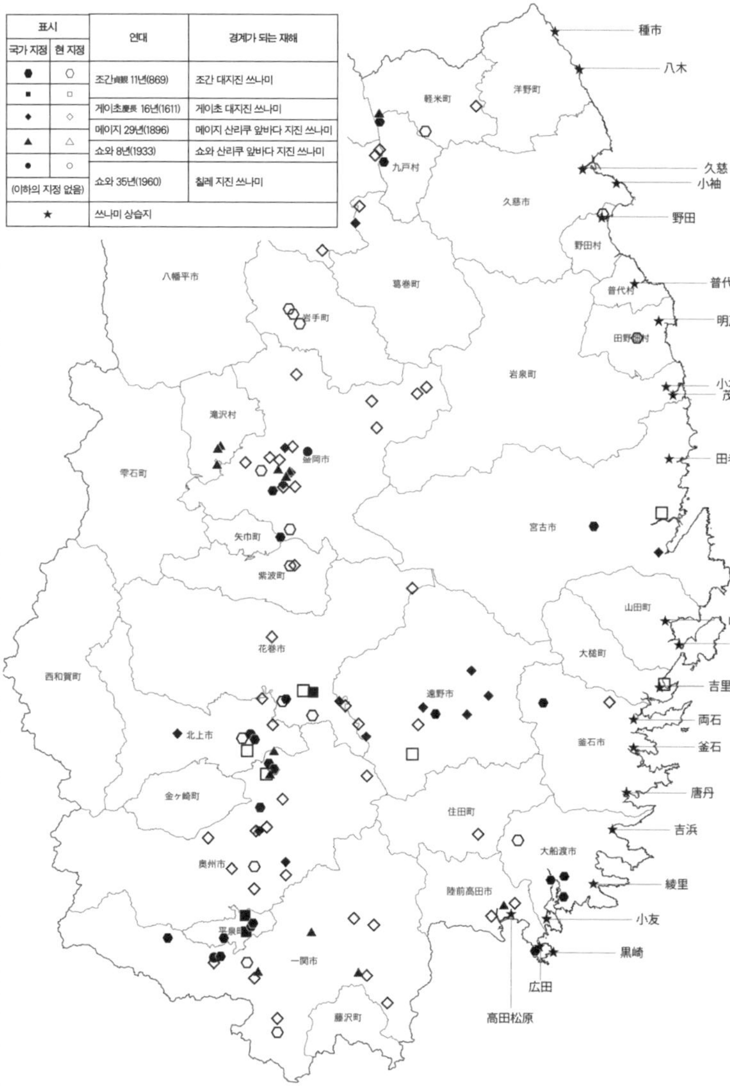

유산의 관계에 대해서 한마디로 단언할 수는 없다. 그 때문에 구체적인 〈지도 2-1〉의 리스트 중에서 쓰나미와 관계하는 전승이 남아 있는 유형문화재에 대해 개별로 주목하기로 했다.

(1) 후몬지普門寺

이와테현 리쿠마에타가다陸前高田시에는 '후몬지'〔1809(분카文化 6)년 건립)라고 하는 절이 있다. 후몬지의 삼중탑은 현 지정 유형문화재(건조물)이고, 사원의 첫 층에 있는 평면은 1.648m 사방, 탑의 높이는 지상에서 구층의 선단까지가 약 12.5m, 목조동木造銅 판자 지붕이다. 본당에는 波切不動明王[1]을 모시며 쓰나미에 관계하는 전승이 남아 있는 것에서, 진혼과 관계가 깊은 절일 가능성이 높다.

> 이곳의 버려진 절에 여행하던 승려가 입주하는데, 그곳에 심부름하는 중으로 고용해 줬으면 좋겠다며 미소년이 나타난다. 그 몸에서 이상한 냄새가 나기도 하고 손발의 움직임이 빈둥거리고 어쩐지 기분 나쁘다고 느낀 마을의 미소녀는, "산의 주인인 큰 뱀이, 산에서 노숙하는 사람으로 변해서 마을의 처녀에게 접근한다"고 하는 이야기를 기억해 내고, 미소년을 바늘로 찔러 죽인다. 죽인 것에 대한 미소녀의 고뇌가, 어느 날 큰 쓰나미를 불러일으킨다. 이것을 본 편력 승려가 쓰나미를 향해 한번 큰 소리로 꾸짖자, 파도는 금

1 부동명왕不動明王은 인도, 중국에는 유품이 적지만, 일본에서는 헤이안 시대 초기 이후 밀교의 성행과 함께 각종 이형을 발생시키면서 존상이 다수 만들어졌으며, 각종 번뇌를 불태우고, 악마를 강복시키고, 수행자를 옹호해서 보제菩提를 얻게 하는 명왕明王으로서 신앙됨 — 옮긴이 주(이하 각주는 옮긴이 주).

후몬지 묘지에서 다카다마쓰하라를 바라보며(《普門寺物語》, 光陽美術出版, 2005, p.12)

> 세 엄청나게 많은 너구리의 사체로 모습을 바꾸고, 미소녀도 죽어 버렸다. 이것을 진혼·액막이하기 위해서 설립된 것이 부동명왕이었다.

위 사진에서도 알 수 있듯이, 전승의 내용에는 바다에 가까운 입지였던 것이 크게 영향을 미치고 있다고 생각된다. 이 눈에 보이는 '유형문화재'로서의 절과 함께 형태를 가지지 않는 쓰나미에 관한 전승 양쪽 모두가 갖추어진 것으로 보아 사람들의 방재에 대한 의식을 보다 높이는 일도 있었을지 모른다.

(2) 시오가마 신사

미야기현 시오가마시에는 '시오가마 신사'가 있다. 배례전·도리이는 1663(간분寬文 3)년 건립, 그것 이외는 1704년(호에宝永원) 건립이라고 전해져 있다. 시오가마 신사 별관에서 시오쓰치노오지塩土老翁神[2]를 주된 제신으로 모시고 있지만, 이것은 바다와 소금의 신격화된 표현이라고 생각되고 있다. 또한 일본 삼대 선제船祭인 '시오가마 항구 마쓰리'는 시오가마 신사를 출발점으로 해서 시와히코志波彦 신사, 시오가마 신사의 신을 태운 가마인 미코시가 시내를 천천히 행진하고, 한껏 멋을 낸 귀인의 배인 고자부네御座船를 비롯하여 약 100척의 배를 따라서 마쓰시마 만을 순행하는 풍속이다. 쓰나미로 대표되는 바다의 자연재해에 대한 사람들의 공포와 대자연에 대한 숭배의 의미가 담겨져 있다는 것이 느껴진다.

(3) 간란테이觀瀾亭

미야기현 마쓰시마초의 '간란테이'라고 하는 건물의 창건은 분로쿠文禄년간(1592-96년) 이후라고 전해지고 있다. 건물의 이름에 있는 '간란'이란 '잔물결을 보다'라는 의미이다. 이것이 쓰나미를 가리킨다고는 생각하기 어렵지만, 건물의 이름에 사용된 것은 입지 조건에 대한 지역적 특색을 전면에 내놓는 것이며, 적극적인 사정을 가지면서 사람들에게 친근해진 풍경으로 파악되고 있었다는 것을 상상할 수 있을 것이다. 사실 번주의 딸·측실 등이 마쓰시마를 유람하거나 막부 순견사巡見使 등이 순사하거나 할 때의 숙소나 접대용 시설('御仮屋'라고 불리었다)로 이용되었던 것 같다.

2 시오쓰치노오지는, 일본 신화에 등장하는 신으로 塩竈明神이라고도 한다.

쓰나미와 관계하는 전승이 남아 있는 개개의 유형문화재 사례를 소개했지만, 역시 역사적인 시점에서 자연재해와 문화유산의 관계를 찾지는 못했다. 그렇지만 적어도 지대가 높은 곳에 건물이 남아 있다고 하는 사실은, 지진에 의한 피해 상황을 제외하고 생각할 경우 쓰나미에 의한 유실을 피하려 했기 때문이라고 생각할 수 있을 것이다. 다음 절에서는 그러한 고지 취락에 대한 과거의 연구를 조사하여 정리했다.

4. 고지 취락지구와 이전

모두에서도 언급했지만, 야마구치 씨의 연구 저서에서는 고지 취락지구 유적과 쓰나미의 관계에 대한 견해가 진술되어 있다. 산리쿠 연안에 피해를 입은 1896년의 메이지 산리쿠 지진 및 1933년의 쇼와 산리쿠 지진에 동반한 쓰나미에 의해, 각 마을에서는 시내 이전안이 부상했다. 야마구치 씨의 조사에 의하면, 쓰나미의 피해를 받을 위험성이 높은 연안부에서 산간지역으로 이전했던 경우에도 사람들은 몇 년 만에 다시 연안으로 돌아오는 예가 많았던 것 같다. 그 이유로 야마구치 씨는, 어업이 중심인 마을에서 오랫동안 익숙하게 살아왔던 사람들로서는 산간 환경이 얼마 지나지 않아 불편하게 느껴졌기 때문이라고 들고 있다.

1896년의 쓰나미 이후에는 풍어豊漁가 계속되었다. 그 때문에 산간부에 이전한 주민에게, 항구 가까이에 남은 어부들에 대한 경쟁의식이 싹텄다. 원래 취락지구를 연안에서 떨어지게 하는 것은 안전상 고지로 이동하지 않을 수 없지만, 고지에서는 우물물을 확보하기 어렵거나 산불이 많이 발생하거나 하는 등 문제를 많이 안고 있었다. 당시는 산불로 죽던가 아니면 쓰나미로 죽던가를 저울질해 보는 사람들도 적지 않았던 것 같다. 단 이 조사가 실시된 것은 1935년의 이야기이고, 현재는 수도 문제가 그 정도로 심각한 문제는 아닐지 모른다.

지자체의 도시계획으로 이전 결정 후에 부지 할당에 고심하다 결국 이전계획을 거이상 추진하지 않기로 했지만, 경과를 지켜보면서 관찰을 계속하고 있다는 움직임이 야마구치 씨의 계속적인 조사에 의해 분석되고 있다. 또한 현지에 남아서 살기를 원하는 사람이 다수 있었다는 것도 알 수 있다. 저서 끝부분에서 옛날의 취락지구가 왜 고지에 계속 있을 수 있었는가라고 하는 물음은 야마구치 씨 자신이 던지고 있지만, 결국 명확한 답은 못하고 있다. 자급자족과 다소의 교역분으로 어획량이 충족되었던 때는 주거지를 지키기 위해 고지에 머무르는 것이 가능했을지도 모른다. 그러나 산리쿠 일대가 어업을 중심으로 경제권을 형성하고 각각의 마을들끼리 경쟁하는 것처럼 되면 그렇게는 되지 않는다. 결국은 연안에 진출하도록 되었다는 것이다. 그 외에 토지의 융기와 침강 가능성까지 포함해서 고찰할 필요가 있다는 것이 야마구치 씨의 저서로부터 알 수 있다.

지도 제작에 의한 분석과 과거 연구를 공부하던 중에 느낀 것은, 자연 지형의 활용 방법에 대한 것과 방재에 관한 지혜와 전승에 대해서이다. 이것들을 종합적으로 역사적 시점에서 직시해 가는 것이 중요하다고 생각된다.

5. 문화재를 통해 깨닫는 부흥에의 용기와 희망

1) 조사의 정리

산리쿠 연안에는 국보급이나 중요 유형문화재 건조물이 적다는 것이 이번 조사로 확인되었다. 그리고 그 이유의 하나로 과거의 쓰나미도 생각할 수 있지만, 원래 유형문화재에 해당하는 것이 없었다는 것도 하나의 이유일 것이다. 더욱이 산리쿠 연안부는 쓰나미에 의해 유실된 후에, 새로운 문화재를 만들어 낼 만한 잠재력이 없었다고 파악하는 것도 불가능하지는 않다. 혹은 유형문화재는 어떤 이유로든 쓰나미 상습지를 피해서 건축되어 있었다고 하는 것도 추정할 수 있다.

어차피 확실한 답은 낼 수 없는 상태였다. 그렇다고는 하지만 동북의 유형문화재 분포와 쓰나미 피해의 관계를 찾아낼 수 있는 다른 방법이 아직 있을지도 모른다. 예를 들면 이 장章의 도중에 소개한 세 가지 사례에서처럼 개개의 문화재를 상세히 살펴보는 것도 하나의 방법일 것이다. 각각의 취락 단위에서 옛 지형, 문화재, 민속적 조사를 실시하는 것으로 쓰나미와의 관계를 찾아낼 수 있다고 생각한다.

또한 이번 조사 과정에서 거둔 하나의 수확으로, 과거 연구에서 쇼와의 커다란 쓰나미를 당하고 실시되었던 야마구치 씨에 의한 조사가 있었다는 것도 확인할 수 있었다. 야마구치 씨의 연구는 크게 활용되어야 할 내용이라고 생각한다. 다만, 당시의 상황이나 사고방식을 파악하는 점에서 좋은 자료임에 틀림없지만, 수도 문제 등 현대에서는 특별히 문제 삼을 일이 없는 내용도 포함되어 있기 때문에 참조할 때에는 주의가 필요하다. 또 과거의 연구논문을 읽을 때는 과학기술의 발달에 의해 해결 가능하게 된 것과 아직 해결되지 않은 것의 차이가 있다는 것도 염두에 두지 않으면 안 된다는 것 잘 알게 되었다.

2) 인간도 자연의 일부

시대를 거슬러 올라가면 《일본서기日本書紀》《고사기古事記》 등에서 군데군데 보이는 재해에 관한 기술에는 애니미즘으로서의 신불 숭배나 노여움, 혹은 벌을 면하기 위해 의식을 행하던 건축물이 있었다는 것을 깨닫게 되었다. 예를 들면, '구니쓰쓰미国つ罰'라고 하는 터부시 되는 성적 관계를 결합하거나, 질환을 앓는 것이 더럽혀진 것이 되어 천재지변을 일으키거나,라는 연관된 개념이 있다. 현대적인 '죄'의 의미와 다르다고는 하나 오리쿠치 시노부折口信夫가 주창한 설(折口信夫 〈大嘗祭の本義〉 참고)에도 기초한다면 대비되는 '아마쓰쓰미天つ罰'와 함께, 재해와 인간이 함께 살아가는 이상 건강한 생활행위(농업이나 어업이라고 하는 생업부터, 집에 산다고 하는 것까지 모두)가 불가분의 관계가 있다는 것을 말하고 있는 것처럼 생각된다. 건강함이라고 하는 것은, 즉 일상이라 생각한다. 동일본 대진재

에 의해 당연하다고 생각되었던 일상을, 그리고 존엄한 목숨을 단숨에 빼앗겼다. 이 상실감을 받아들이는 것으로, 인간의 소망이 담긴 유형문화재는 어떠한 역할을 완수하는 것이 가능할까. 쓰나미 피해를 받을 위험성이 높은 영역에 이르는 한계선의 위 혹은 그것보다도 더욱 연안에 가까운 영역에 있는 건축물이 자연의 맹위에 대한 진혼의 '기도' 건축물로 건설된 경우이든 그렇지 않은 경우이든, 앞으로의 지진재해 부흥에 있어서 '후몬지'로 대표되는 것 같은 유형문화재로서의 건축물은 중요한 역할을 완수할 가능성을 충분히 가지고 있다고 확신한다. 공동체 모습과의 결합은 상상 이상으로 강할 것이다. 자연의 위협을 재인식한 우리들이지만, 인간도 자연의 일부라고 하는 것을 잊으면 안 된다.

자연의 일부로 살아가면서, 나야말로 인간이다!라고 하는 혼이나 자부심이 유형문화재에 자리 잡고 있는 것은 아닐까. 우리들은, 자연재해를 막는 것에는 불가능한 점이 있다는 것을 알면서도 피해에 대비하기 위한 최소한의 지혜를 짜낼 필요가 있다. 과거의 사람들이 소망을 담아서 세운 유형문화재, 다시 말해 위험성이 높은 연안부의 영역에 이르는 한계선을 넘어 건축된 건물을 통해 용기와 희망을 얻을 수도 있을 것이다.

그리고 전술의 야마구치 씨의 연구에서는 전승 등도 포함하여 입체적인 고찰이 행해지고 있는 것에서, 우리들도 유형문화재만이 아니라 무형 문화재도 동시에 고찰하여 그것들을 연결해서 지진재해의 부흥을 염원하는 활동을 해 나가야만 할 것이다.

참고문헌

今村明恒.《地震の国》. 文藝春秋新社, 1949年.
内井昭蔵.《健康な建築―イマジネイティブな生活空間を求めて》. 彰国社, 1985年.
折口信夫.〈大嘗祭の本義〉,《〈古代研究〉第一部 民俗学篇第二》. 大岡山書店, 1930年.
海岸山普門寺.《普門寺物語》. 光陽美術出版, 2005年.
黒田茂夫.《東日本大震災 復興支援地図》. 昭文社, 2011年.
原口強·岩松暉.《東日本大震災津波細地図(上·下巻)》. 古今書院, 2011年.
山口弥一郎.《津波と村》. 恒春閣書房, 1943年.
《2011年東北地方太平洋沖地震調査速報》. 日本建築学会, 2011年 7月.
《建築雑誌》2011年 8月号. 日本建築学会.

제 3 장

동북지역의 무형 민속문화재

하야치네카구라神楽[1] 봉납의 고토아게言挙

요시하라 신이치吉原信一

1. 동북지역 무형문화재의 개요

1) 동북지역과 마쓰리

마쓰리는 전통적으로 전국 각지에서 행해지고 있지만, 그중에서도 동북지역의 그것은 특징적으로 규모도 크고 다른 지역에서도 사람들이 방문할 정도로 유명하다. 지진재해가 있었던 2011년은 쓰나미 피해에 의해 마쓰리를 실시할 수 없는 지역이 많았다. 하지만 '이런 때이기 때문에 마쓰리의 기운을 받고 싶다'라고 하는 사람들의

1 영봉 하야치네산早池峰山 자락에서 세대를 넘어 지역에서 계승된 전통의 춤.

소원이 많아서, 규모를 축소해서라도 마쓰리 개최를 실현한 지역도 있었다. 마쓰리는 동북지역 사람들에 있어 단순히 비일상의 즐거움을 누리는 장소가 아니라, 슬픔을 극복하기 위한 힘이 되어 있는 것은 아닐까.

동북지역에 격하고 힘찬 마쓰리가 많은 것은, 이 자연환경의 혹독함과 무관하지 않을 것으로 생각된다. 혹독한 자연과 호응하는 것처럼 사람들은 격하게 춤추고, 그리고 자연에 녹아 들어간다. 동북지역 사람들은 험한 자연환경으로 발생하는 고통이나 슬픔을 마쓰리에 의해 기쁨으로 변환해 자연과 공생한다. 긴 역사 속에서 만들어져 온 풍속습관이나 민속예능은 동북지역 사람들이 자연과 어떻게 공생해 왔는가를 나타내고 있다.

2) 동북지역 무형 민속문화재의 특징

동북지역 사람들에 있어 마쓰리의 중요성은 두드러지지만, 마쓰리 내용이나 춤에는 어떠한 것이 있는 것일까. 동북지역에는 다종다양하고 개성적인 무형 민속문화재가 있다. 무형 민속문화재란 의식주·생업·신앙·연중행사 등에 관한 풍속습관이나 민속예능 등 무형의 문화로 역사상, 예술상 가치가 높은 것을 말한다.

표 3-1. 동북지역 3현의 국가·현 지정에 의한 중요 무형 민속문화재

	국가 지정 중요 무형 민속문화재	현 지정 중요 민속문화재
이와테현	7	24
미야기현	6	44
후쿠시마현	8	47

국가와 현이 지정하고 있는 무형 민속문화재는 〈표 3-1〉과 같이 많이 전승되고 있다. 그중에는 일본 전국에서 보이는 가구라神楽나 시시마이獅子舞가 있는 반면, 동북지역의 독자성이 강하다고 일컬어지는 다우에오도리田植踊, 시카오도리鹿踊, 겐부剣舞가 있다.

동북지역 무형 민속문화재로 동북의 문화를 잘 나타내는 특징적인 사례로, 자연과 녹아드는 것 같은 격렬한 춤의 '하야치네카구라', 바다에 관련된 마쓰리인 '오스기카구라大杉神楽 레이다이사이例大祭', 순행하는 '구로모리카구라·우네도리카구라' 등을 대표적인 예로 들 수 있다. 다음 절에서는 이들 사례를 살펴보고자 한다.

2. 자연과 하야치네카구라

1) 하야치네카구라란

신령이 사람에게 들리는 신 내림에 의해 신탁한다, 혹은 신 내림 전에 추는 춤이 의례화되었다고 하는 가구라神楽는 전국 각지에서 보이며, 일반적으로 신사의 제의祭儀에서 춤을 춘다. 국가의 중요무형 민속문화재로 전국에 23건의 가구라가 지정되어 있지만, 하야치네카구라早池峰神樂는 제1호로 1976년에 지정되었다.

하야치네카구라는 이와테현 하나마키花巻시 오하사마大迫마치 우치카와메内川目의 오쓰구나이大償와 다케岳의 2지구에 전해지는 야마부시山伏카구라이다. 원류를 같이하며 상연 종목 내용이 거의 같고, 아운阿吽 혹은 표리, 혹은 한쪽이 존망의 위기에 빠져도 어느 쪽인가가 존속해 가는 것 같은 관계에 있는 오쓰구나이카구라와 다케카구라를 합해서 하야치네카구라라고 한다. 하야치네산을 영봉으로 해서, 산에 틀어박혀 수행을 한 야마부시山伏나 수험자修験者에 의해서 춤춰져 왔지만, 메이지 이후에는 지역 사람들이 전승하게 된다. 노가쿠能楽 대성 이전의 모습을 생각하게 하는 연기, 연출법이 보여 역사적으로 가치가 높은 문화재로 국내외에서 평가받고 있다.

발생 기원에 대해서는 확실한 정설은 없지만 춤출 때 덮어쓰는 시시가시라獅子頭 중 오래된 것의 연대관이나 고문서의 기재 내용으로부터, 중세에는 이미 전승되어 있었다고 생각된다. 메이지에 들어서 지역의 사람들이 전승하도록 되고 나서는, 가까운 시골의 마을을 오쓰구나이카구라와 다케카구라가 1년 교대로 순행하는 순회카구라를 행하고 있었다. 신인 곤겐사마権現様를 나타내는 시시가시라獅子頭를 들고 민가를 돌며 부정 씻기清め·화재 막기火伏·오곡풍양을 기도하였고, 숙박하는 민가에서는 맹장지를 떼어 내어 임시 무대를 설치하고 밤새 가구라를 췄다. 이 순회카구라는 쇼와 초기 쯤에

지도 3-1. 오쓰구나이카구라 및 다케카구라의 위치

곤겐마이權現舞(시시가시라獅子頭를 덮어쓰기 전)

곤겐마이權現舞

두절되어 현재에는 신사의 제례나 축사, 예능 공연에서 하야치네카구라를 춘다. 또한 곤겐사마는 의뢰에 응해 민가의 문 앞이나 객실座敷에서 행하는 경우가 있다.

가구라를 추는 장소, 즉 무대공간은 신사의 제례에서는 마이도노舞殿이다. 한편 민가에서 행해지는 경우는 맹장지가 제거되어 약 2간 사방의 판 사이 네 방면에 시메나와注連縄를 빙 둘러치고, 무대 안쪽에 신사의 문양·신사의 이름이 들어간 막이 펼쳐진다. 막 후방 사이가 가구라가 되어, 마이도노 전방 혹은 세 방면의 사이에서 관객은 볼 수가 있다. 오쓰구나이카구라에서는, 보존회에 의해 '가구라관館'이라고 하는 옛 민가를 수리한 가구라를 위한 시설이 만들어져 있다.

2) 춤의 특징과 표현

춤에는 식 중에 행해지는 '식무式舞'와, 그 후의 '식외무式外舞'가 있다. 식무란, 신에 관한 행사에서 중요한 기회에 반드시 추는 여섯 곡을 말한다.[2] 그 내용은 대충 말하면 일본 신화에 기초하여 우주 창생 과정을 표현한 것이라고 말할 수 있다. 막을 치지 않고 밤낮 계속해서 행하는 경우가 있는데 그 경우는 밤의 부部의 춤 시작은

2 야마부시카구라 중에도 연극 항목의 명칭 등, 각 가구라에 따라 다른 부분이 보인다. 여기에서는, 야마부시카구라 중 하나인, 八木巻가구라에 있어서 명칭을 근본으로 해설하고 있다. 八木巻가구라에서는 연기 항목마다 1-6명의 춤꾼이 마이도노舞殿라고 불리는 무대에 등장하지만, 하시가케마이橋掛け舞 등 일부의 연기 항목에는 사람 수에 제한이 없는 것도 있다. 가구라의 무곡은, 식무式舞, 우라마이裏舞, 온나마이女舞, 반가쿠마이番楽舞, 가미마이神舞, 아라마이荒舞, 교겐狂言, 곤겐마이権現舞.

도리마이鳥舞

아라마이荒舞

'식무'에 대조되는 '우라마이裏舞'를 추는 것이 되지만 옷차림 등은 거의 같아서, 등장인물의 수·시가와 문장에서 약간의 차이를 볼 수 있다. '식무'가 끝나면 잠시 휴식에 들어가고, 그 후 '식외무'에 들어간다. 신화 등의 신이 등장하는 이야기가 연기되는 가미마이神舞, 검을 뽑아서 춤추는 등 용감하고 씩씩한 아라마이荒舞, 우아하고 아름다우며 차분한 온나마이女舞, 무사의 싸움修羅을 엮어 넣은 반가쿠마이番楽舞부터, 적당하게 순서대로 춤추고, 게다가 교겐狂言도 더한다. 그리고 가구라의 최후에는 반드시 곤겐사마権現様를 춘다. 곤겐사마는 시시가시라獅子頭를 덮어쓰고 춤추지만, 하야치네 다이곤겐이 시시獅子의 모습을 빌려서 사람 앞에 그 존재를 나타내고 재앙을 물리쳐 사람들의 무사태평을 기도하는 무곡이라고 취급되는, 가장 엄숙하고 중요한 춤이다.

3) 자연과의 일체화

많은 가구라는 일반적으로 자연과 인간의 관계의 시원을 다루고 있는 것처럼 생각된다. 그것은 일찍이 인간은 자연과 일체화하지 않고는 살아갈 수 없었던 것을 방불케 한다. 특히 하야치네카구라의 춤은 온나마이처럼 우아하고 아름다우며 차분한 움직임의 춤인 반면, 아라마이로 대표되는 것처럼 매우 격한 춤이 있다. 또한 도리마이처럼 새가 되어 추는 것도 있다. 템포 있는 리듬 속에서 때로는 격하고 빠르게 때로는 조용하고 우아하게 춤추고, 사람과 동물의 고동 리듬이 서로 증폭되는 것처럼 높아져 이윽고 종식되어 가는 춤은 독특한 자연관을 느끼게 한다. 그것은 자연과 일체화되어 가는 것으로 자연과 서로 마주 보고 자연과 공생해 가는 사상의 발현으로 생각된다.

4) 하야치네카구라의 현대적 과제

하야치네카구라는 국가의 중요무형민속문화재 제1호로 지정되었지만, 2009년에는 유네스코 무형문화유산에도 등록되어 지역이 자랑하는 문화로 인정받고 있다. 한편 지역의 '가미고토神事'로 실시되어 왔던 가구라가 쇼와 초기 연구자에 의해 발견되고서부터 외부 사람들의 그칠 줄 모르는 간섭에 의해 문화재나 관광자원으로 취급된 결과, '예능'이라는 요소가 높아져 하야치네카구라가 지역을 계속 이탈해 가는 문제도 있다. 그러니까 계승의 어려움을 끌어안고 지역의 전통 문화를 어떻게 유지해 갈 것인가가 문제이다.

3. 바다와 무형 민속문화재

1) 동북지역 연안부의 마쓰리의 개요

동북지역 연안부에는 바다와 관련이 깊은 행사가 곳곳에서 보인다. 바다로부터 은혜를 받는 한편, 그 위협도 알고 있는 사람들이 만들어 낸 바다와 사람과의 공생이라고 하는 사상 중 하나의 발현이다. 또한 바다에서 사는 사람들의 오랜 세월에 걸친 역사적 배경으로 해안을 따라 오르는 것(하마노보리; 浜上り)과 해안을 따라 내려가는 것(하마쿠다리; 浜下り)을 생각할 수 있다. 즉 바다의 표류민이

표 3-2. 동북 3현에 있어서의 바다와 관련 깊은 마쓰리

<table>
<tr><td rowspan="7">이와테현</td><td>나미이타浪板 연안 대한 미소기(오쓰치초大槌町)</td></tr>
<tr><td>밋카이치三日市 해상 다나바타七夕(리쿠젠타카타시)</td></tr>
<tr><td>오자키尾崎 신사의 마쓰리(가마이시시釜石市)</td></tr>
<tr><td>니이야마新山 신사 식년式年 대제大祭(산리쿠초三陸町)</td></tr>
<tr><td>오쓰치大槌 배 마쓰리(오쓰치초大槌町)</td></tr>
<tr><td>오미야大宮 신사 마쓰리(다노하타무라田野畑村)</td></tr>
<tr><td>오스기 신사 레이다이사이例大祭(야마다초山田町)</td></tr>
<tr><td rowspan="7">미야기현</td><td>시오카마鹽竈 신사 모시오야키藻塩焼 신사(시오가마시塩竈市)</td></tr>
<tr><td>와타노하渡波염전 공놀이 노래つぼう打唄(이시마키시石巻市)</td></tr>
<tr><td>요시다하마吉田浜 시시마이獅子舞(시치가하마마치七ヶ浜町)</td></tr>
<tr><td>오마가리하마大曲浜 시시마이獅子舞(히가시마쓰야마東松山市)</td></tr>
<tr><td>미야자키宮崎구마노熊野신사의 お潮垢離(미야자키초宮崎町)</td></tr>
<tr><td>에노시마구스시江島久須師신사의 오봉레이[3](온나카와초女川町)</td></tr>
<tr><td>시비타치노우라鮪立の浦 마쓰리(모토요시本吉군 구와마치桑町)</td></tr>
<tr><td rowspan="5">후쿠시마현</td><td>가시마鹿島 히에日吉 신사의 하행(가시마초鹿島町)</td></tr>
<tr><td>나라하오타키楢葉大滝 신사의 하행(나라하마치楢葉町)</td></tr>
<tr><td>오토코야마하치만男山八幡 신사의 하행(가시마초鹿島町)</td></tr>
<tr><td>시쥬핫샤야마四十八社山 신사의 하행(토미오카富岡시)</td></tr>
<tr><td>이와키오쿠니타마磐城大国魂 신사의 바닷물 긷기(이와키시)</td></tr>
</table>

바닷가에 상륙해서 정착해 어업에 종사하는 하마노보리 사람들과, 주로 농산촌에서 생활을 하고 있던 사람들이 바닷가로 내려 와서 어민이 된 하마쿠다리 사람들이 함께 연안부에서 생활해 온 것이다. 이 출신이 다른 사람들 속에서 이해관계의 조정을 도모하는 것도 마쓰리의 중요한 동기였을지도 모른다. 이와테·미야기·후쿠시마의 연안에서는 〈표 3-2〉와 같은 행사가 있어 신앙과 바다가 밀접하게 관련되어 있는 것을 알 수 있다(이와테현, 미야기현, 후쿠시마현의 마쓰리 중 바다와 관계 깊은 사례 중 일부를 들고 있다). 이들 행사

3 섬 내의 오래된 집과 신사에는 '오봉레이'라고 불리는 '길이 약1m의 봉에 종이를 늘어뜨리고, 머리 부분에 빨간 천을 씌워 묶은 것을 제사지내고 있다.

에서는 해상에서 배에 미코시를 실어서 만을 돌거나 미코시를 짊어지고 바다 속을 줄지어 천천히 행진하거나, 혹은 예능을 연기하는 한 집단이 행렬을 이뤄서 바닷가에 내려와 해안의 제사지내는 장소에서 미코시에 바닷물을 끼얹으며, 여러 가지 예능을 연기하고 신사로 돌아가는 과정을 통해 해상 안전과 풍어를 빈다.

2) 이와테현 야마다초의 오스기 신사 레이타이사이

여기에서 여러 예 중에서 이와테현 시모헤이下閉伊군 야마다초山田町의 오스기大杉 신사 레타이사이例大祭를 살펴보자. 해상 안전과 풍어를 비는 오스기신사 레이타이사이는 해마다 한 번 행해지고, 쇼와 초기부터는 9월 16일에 행해지는 것이 통례가 되어 있다. 오스기 신사의 유래는, 1781년에 수험자修驗者[4]와 어민의 충돌이 있었는데 어민이 수험자를 때려죽여 야마다만의 오지마에 매장한 것이 그 발단이 되었다. 사건 후 흉어가 계속되어 고기잡이 신을 제사지내는 오스기신사를 야나기사와柳沢의 산꼭대기에 만든 것이 그 시작이다. 그리고 1848-54년경에 현재 장소로 옮긴 것으로 보인다.

마쓰리는 레이타이사이와 그 전날 밤의 요이미야사이宵宮祭로 이루어진다. 요이미야사이宵宮祭에서는 신관에 의한 제사의식과 지

4 수험자修驗道인 행자[行者]. 대부분은 머리를 기르고, 반승반속의 모습으로 검은 천으로 만든 조그만 쓰개[兜巾]를 쓰고, 옷 위에 걸치는 삼베 법의[篠懸]를 입고, 물건을 한쪽 어깨에서 다른 쪽 겨드랑이로 걸치고[結い袈裟], 불구佛具·옷·식기·책 등을 넣은 다리 달린 상자[笈]를 지고, 염주와 나각[法螺]을 들고, 행전[脛巾]을 치고, 지팡이[錫杖]나 8각 또는 4각으로 다듬은 긴 나무 지팡이[金剛杖]를 찌르며 산과 들을 돌아다닌다. 야마부시山伏, 겐자験者.

오스기大杉 신사 레이타이사이例大祭

출처 : 川原晋·岡村祐·野原卓·山崎義人, 〈집락재생의 근거로서의 시내 축제 공간과 마쓰리의 부활〉, 八甫谷邦明 編, 《季刊まちづくり》 32, 學藝出版社, 2011년 9월.

역의 민속예능인 가구라와 검무가 봉납되고, 다음 날에는 미코시를 짊어지는 사람들이 액막이 행사로 정화된다. 레이타이사이 당일은 신관에 의한 제사의식 그리고 민속예능이 있는데, 미코시의 앞을 소금으로 깨끗하게 하면서 신사를 아침 9시경 출발한다. 호라이쿄宝来橋 부근의 바닷가에서 제사지낸 후 미코시를 짊어지고 바다 속을 줄지어 천천히 행렬하여 하행하며 소금으로 정화하는 행사[5]가 실시되는데, 얼굴이 해수에 묻힐 정도의 깊이로 미코시를 짊

5 소금으로 부정 씻기[塩のお清め]는 시오고리潮垢離라고 말하며, 원래는 바다에서 몸을 정화하는 작법作法이 간략화되어 소금물을 사용하다가, 더 나아가 소금 그 자체로 신체와 토지 등을 정화하는(소금으로 몸을 씻거나, 소금을 뿌리는 등) 행동을 동반한다.

어진다. 이 사이, 배에서 몰려나간 사카이다토라노마이境田虎舞는 미코시가 가까워질 때마다 펄럭이는 것처럼 난무하고 미코시를 세차게 흔든다. 그리고 미코시는 바다 속에서 주선お召船으로 바꿔 태워져, 동행하는 배에 이끌려 야마다만 내부를 도는 예선을 행한다. 만의 입구에 모셔져 있는 '묘진사마[明神様]' 앞에 배를 정지하고 제주[お神酒]와 소금으로 부정을 씻은 후, 비쭈기나무[玉串]를 바다 속에 던져 '해상안전 대어만족'을 기원한다. 그 후 예선[曳き船] 퍼레이드로 옮겨, 소금 정화의 장소로 돌아와서 미코시를 배에서 바다 속으로 옮기고 한동안 바다 속을 줄지어 천천히 행진하고 나서 신사로 돌아온다. 휴식 후 미코시는 야마다초 안을 줄지어 천천히 행진하고, 공봉하는 민속예능은 가도쓰케門付け[6]를 하면서 마을 안을 행진한다. 밤에 미코시는 신사로 돌아온다(표 3-2).

흉어일 때는 예선을 하지 않았던 것 같지만, 칠레 지진 쓰나미 피해가 있었던 1960년부터는 뱃사공 모임이 전담하여 매년 예선을 하게 되었다고 한다. 원래 오스기신사의 레이사이와는 관계가 없는 쓰나미에 의한 피해이지만 부흥하려는 의지를 마쓰리에 새롭게 의탁한 역사라고도 말할 수 있고, 마쓰리와 지진재해 부흥을 생각하는 이상 매우 흥미로운 사례라고 말할 수 있다. 또한 야마다초의 후나코시船越 해안에 아라가미荒神사라고 하는 절이 있는데 여기에서도 마쓰리에서 예선이 행해지고 있다.

6 일본 예능 중의 하나로 출입문의 입구에 서서 재주를 부리고 돈을 받는 형식의 예능 혹은 그 예능을 행하는 배우를 이른다—역자 주.

지도 3-2. 야마다마쓰리 미코시 순행 루트

주: 야마다만 전체 모습 및 오지마의 위치는 〈지도 5-2〉 참조.

출처: 이와테현교육위원회·미야기현교육위원회·후쿠시마현교육위원회《도도부현별 일본의 마쓰리·행사 조사보고서 집성2 홋카이도·도호쿠지방의 마쓰리·행사2 이와테·미야기·후쿠시마》海路書院, 2009년.

3) 바다와 일체화하는 마쓰리

마쓰리가 바다와 밀접하게 관련되는 사례는 연안 지역에 있어 독특한 문화적 소산이며, 연안의 사람들이 바다와 얼마나 공생하려고 해 왔는가를 생각하는 데 있어 중요한 예라 생각된다. 바다에 관계되는 마쓰리는 연안 지역의 사람들과 바다와의 관련이 깊음을 이야기한다. 바다와의 공생을 빌 때, 사람이 바다에 몸을 던지고 스스로 해수 속으로 천천히 걸어 들어가는 것을 선택한 것은 시사적이다. 위협을 떨치는 바다에서 도망쳐서 멀어지는 것이 아니라 다른 방법으로 공생하려고 하는 의지가 보이는 것에 주목했으면 한다.

4. 리쿠추 연안 순회가구라

1) 순회가구라란

이와테현의 리쿠추陸中 연안 지방에서는, 지금도 초봄이 되면 봄을 알리는 가구라神楽가 각 마을과 마을을 방문해 오는 순회가구라廻り神楽라고 하는 문화가 있다. 곤겐사마(시시가시라)를 받들어 행해진다. 동북지방에 널리 분포하는 시시카구라獅子神楽 중 하나이다. 다른 지역에서도 순행이 행해지는 가구라의 예는 여기저기에 조금씩 보이지만, 일반적으로는 소속된 신사의 신앙권이나 집락을 단기간 순행할 뿐이다. 리쿠추 연안에서는, 연초에 다른 연안 지역에서부터 가구라 무리神楽衆가 모여 꽤 넓은 지역을 장기에 걸쳐 순행하여 마을을 도는 점이 특징이다.

이와테현 미야코시의 구로모리黒森 신사와 시모헤이下閉伊군 후다이普代촌의 우노토리鵜鳥 신사와 함께, 리쿠추 연안의 해상을 오가며 해상안전과 대어를 비는 어민으로부터 넓은 범위에서 두텁게 신앙을 받아 왔다. 양 신사의 신을 불러들인 시시가시라(곤겐사마)를 받든 각각의 가구라, 즉 구로모리카구라黒森神楽는, 거의 같은 시기에 북으로는 구지久慈시 부근부터 남으로는 가마이시釜石시 부근까지 1년마다 북쪽으로 향하는 북순회北廻り, 남으로 향하는 남쪽 순회의 가구라廻村巡行神楽를 실시해 왔다. 양 가구라는 각각 소속하는 우네도리 신사와 구로모리 신사를 기점으로 해서 우네도리카구라가 남순회를 할 때는 구로모리카구라는 북을 돌고, 구로모리카구라가 남순회를 할 때는 우네도리카구라가 북을 돈다(지도 3-3). 그 때문에 우네도리카구라가 북을 돌고 구로모리카구라가 남을 돌 때는 후다이普代촌부터 미야코의 사이에는 가구라가 오지 않는 해가 된다. 반대인 해에는, 그 지역에는 양 가구라가 뒤섞여 하나의 집락에서 하룻밤에 양쪽의 가구라를 보는 경우도 있다.

가구라의 마을 순회는 각각의 신사에 대한 신앙이 밑바탕에 있어서, 다른 신사의 곤겐사마를 들고 순행해도 지역의 사람들이 받아들이지 않는다. 순행은 신앙하고 있는 신사의 신이 곤겐사마로서 지역에 와 주시는 것이기 때문에 지역의 사람에 있어서는 감사한 기회인 것이다.

지도 3-3. 우네도리 신사와 구로모리 신사의 위치와 대략의 순행 범위

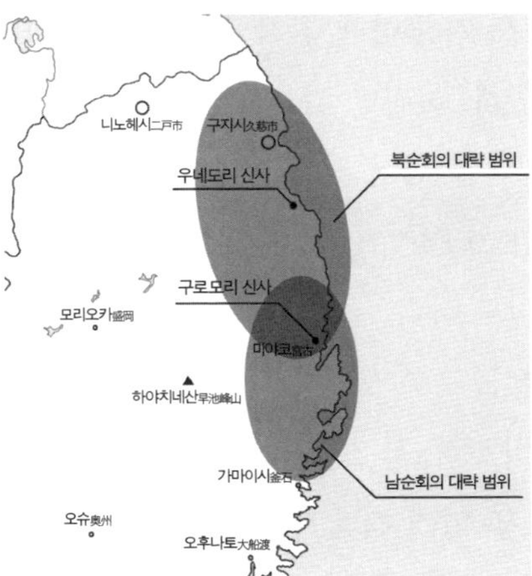

회촌의 범위

북으로, 구지久慈시 고소데小袖, 구키久喜 부근에서 노다野田촌 시모앗카下安家까지, 남으로, 가마이시釜石시의 가리야도仮宿, 하코자키시라하마箱崎白浜 부근까지이다. 이 지역은 번정藩政시대에는 산헤이三閉伊가라고 통칭되어, 남부 번의 영지의 기타야마北上산지 동쪽 산기슭 마을들의 대부분을 포함하고, 북쪽은 하치노헤미나미八戸南部번과, 남쪽은 다테伊達번과의 국경까지를 회촌廻村의 범위로 했다.

순행에서는, 연안의 마을들을 방문하는데 낮에는 각 집의 문을 돌아 악령막이나 가내 안전 등을 기도하고, 밤에는 사전에 예약해 놓은 일반 민가를 숙소로 하고 숙소의 한 방에 막을 펼쳐 밤늦게까지 가구라의 여러 상연 종목을 연기해서 마을사람을 즐겁게 한다. 보통 한 마을에 1박하지만 커다란 마을이 되면 2박, 3박을 한다. 매일 밤 숙소에서 가구라가 있지만, 하룻밤에 12 상연 종목을 연기하도록 되어 있어 '기요하라이清祓' '미카구라御神楽' '야마노가미마이山の神舞' '에비스마이恵比寿舞' 등과, 방문하는 마을마다에 공연하는 춤인 역무役舞, 혹은 교겐狂言, 부시마이武士舞, 온나마이女舞, 시쿠미모노仕組物 등 각종 상연 종목으로 구성된다.

그럼 누가 가구라 무리[神楽衆]를 맡는가라고 하는 것인데, 가구라 무리神楽衆는 많은 집락에서 모여 든다. 각지의 가구라 무리는, 이 양 가구라에게 불리는 것을 자랑으로 여기고 지역의 가구라 무리의 대표적 존재가 된다. 리쿠추 연안 지방에서는 가구라의 회촌廻村이 가능한 범위라면 누구라도 가구라에 참가할 수 있다고 하는 점에 독자성이 있다고 할 수 있다. 하지만 양 가구라 모두 현재의 가구라 무리는 각각 신사의 지역을 넘어 있지는 않다. 우네도리카구라의 춤꾼[舞い手] 대부분은 다노타바田野畑촌의 와노和野 출신이며 지역의 와노 카구라의 춤꾼이기도 하다.

순행은 2두頭의 곤겐사마를 들고 실시된다. 곤겐사마의 시시가시라獅子頭를 덮어쓴 사람과 도마쿠胴幕를 조작하는 사람 2명이 2조로 4명, 거기에 큰북과 피리 등 몇 명씩 더해져 10명 정도로 행해진다. 가구라 무리는 각각 역할을 바꿔 가면서 집집을 순행해 간다.

또한, 현대에는 사람들의 신앙심이 옅어진 것에서부터 가구라야도神楽宿가 개축되어 가구라에 적합하지 않은 구조가 된 것이나 가구라야도를 이어받아 주는 민가가 줄어드는 등, 그 전승이 곤란하게 되었다. 또 여기에서 언급한 구로모리카구라·우네도리카구라 외에도, 미야코시 쓰가루津軽에 진좌하는 고마가타駒形 신사의 '소젠蒼前카구라'도, 산촌 지역을 중심으로 쇼와 20년대까지 긴 순행을 행해 왔다고 일컬어지고 있다.

2) 구로모리카구라

구로모리산은 미야코시 도로로 둘러쌓인 구획인 가이쿠街地의 북측에 위치하며, 중턱에 구로모리 신사가 있다. 나무들로 덮인 구로모리산의 정상에는 커다란 삼나무[杉]가 있어서 해상으로부터의 등대가 되고, 바다와 어민의 신앙과 관련이 깊었다고 일컬어지고 있다. 구로모리 신사의 신령으로부터 시시가시라獅子頭로 강림해 주셔서, 구로모리 곤겐사마로서 곤겐마이権現舞를 추는 가구라가 구로모리카구라黒森神楽이다.

구로모리카구라는 고문서의 기록에서 볼 때 겐로쿠연간(1688-1704년)이거나, 그것보다 조금 거슬러 올라간 쯤에 산헤이三閉伊지방을 격년으로 회촌했던 것이 알려져 있다. 1758년(호레키宝歴 8년)의 '시시마이회방獅子舞廻方'이라고 하는 문서에서는 회촌의 기록이 상세히 남겨져 있는데, 그 시기부터 이미 현대와 같은 광범위한 순행루트가 정착되어 있었다는 것을 알 수 있다. 당시 각 지역에는 산에서 수행을 하고 있는 수험자가 있어서, 그들이 관할하고 있었던 종교활동의 범위인 가스미바霞場[7]나 단나바旦那場가 있었다. 초봄이 되면 그들도 그 속에서 가구라를 하고 있었다. 그에 반해, 한패가 아닌 사람인 구로모리카구라가 순행해 오는 것은 각 지역의 수험자에게 있어서는 초대하지 않은 손님이었기 때문에 구로모리카구라가 오지 않도록 번에 호소하는 경우도 발생했다. 그러나 구로모리카구라에는 남부의 도노사마에 의한 회촌을 인정하는 고쿠인조黒印状[8]가 있었기 때문에 계속되었다. 하지만 이 싸움에 의해 구로모리카구라가 회촌에 들어오지 못하는 지역도 있다. 이러한 사정이 있어도 긴 순행이 계속되어 온 배경에는 사람들의 구로모리 곤겐사마에 대한 신앙이 중요한 요소였다고 생각된다.

구로모리 신사에는 지역의 사람들로부터 봉납받은 오래된 시시가시라가 많이 남아 있다. 북쪽 지역에서 봉납받은 시시가시라는 북순회의 순행 때, 또 남쪽 지역에서 봉납받은 것은 남순회의 순행 때에 구로모리 곤겐사마로서 각각의 지역을 돈다. 회촌하는 지역과의 교류를 알아챌 수 있다.

그런데 구로모리카구라의 춤꾼[舞手]은 앞서 말한 것처럼 넓은 지역으로부터 참가하고 있는 점에 특징이 있다. 회촌하고 있던 지역에서 수험자·야마부시 등의 종교자만이 아니라 농민·어민·산에서 일하는 사람 등 다양한 지역의 다양한 직업의 사람들이 가구라를 추웠다. 가구라 무리 조직 구조의 유연성은 각 지역 느슨한 공동

---

7 동일본 일대의 산악신앙의 신자를 모으는 형태의 하나로 특정 절에 소속하는 단나檀那조직을 중심으로 한다.

8 센코쿠시대부터 에도시대에 걸쳐 쇼군将軍·다이묘大名·하타모토旗本가 먹물을 사용해서 압인한 후에 발급한 문서.

체의 한 모습을 나타내고 있는 것 같다.

3) 우네도리산 신앙과 우네도리카구라

우네도리卯子酉산은 예로부터 어민에 의해 신앙받아 왔고, 북쪽 구지久慈시부터 남쪽 가마이시釜石까지 어업 관계자가 해상안전과 대어를 기원하여 참배하러 방문하는 곳이다. 일찍이 우네토리사마卯子酉大明神라고 칭해지던 우네도리 신사에는 다이쇼大正 2-9년의 '오네토리신사 기도 접수부'가 남아 있는데 그것에 의하면 연안의 구지시부터 가마이시까지의 어업관계 기원이 9할을 점하고 있었다.

우네도리카구라는 가구라 무리가 우네도리 신사의 곤겐사마를 예배 대상으로 받들고 가구라를 연기하는 경우를 말하며, 가구라 무리는 우네도리 신사에 직접 소속되어 있는 것은 아니다. 일찍이 하구로羽黒파나 혼잔本山파의 수험자가 가구라 무리를 지휘하고 있었다. 미야코의 구로모리카구라는 근세부터 광범위한 순행을 행하고 있었지만 메이지 초기의 신불분리령, 수험도폐지령 이후는 수험자가 관할하고 있던 가스미바나 단나바의 범위 제한, 즉 자유로운 종교활동이 가능한 범위 제한이 실질적으로 없어져 구로모리카구라 이외에도 광범위한 회촌이 가능하게 되었다. 우네도리카구라가 기록에 남은 것은 1955년부터로, 우네도리카구라의 회촌이 언제 시작 되었는가라고 하는 것에 대해서는 명확하지는 않지만 일설에 의하면 메이지 말경에 우네도리 신사를 건축하기 위한 기부를 얻기 위해 시작된 것은 아닐까라고 추측되고 있다. 그 배경에는 우네토리산이 근세부터 광범위하게 어민에게 신앙받아 온 것도 성립 요인

지도 3-4. 구로모리카구라 북순회 순행의 주된 숙소

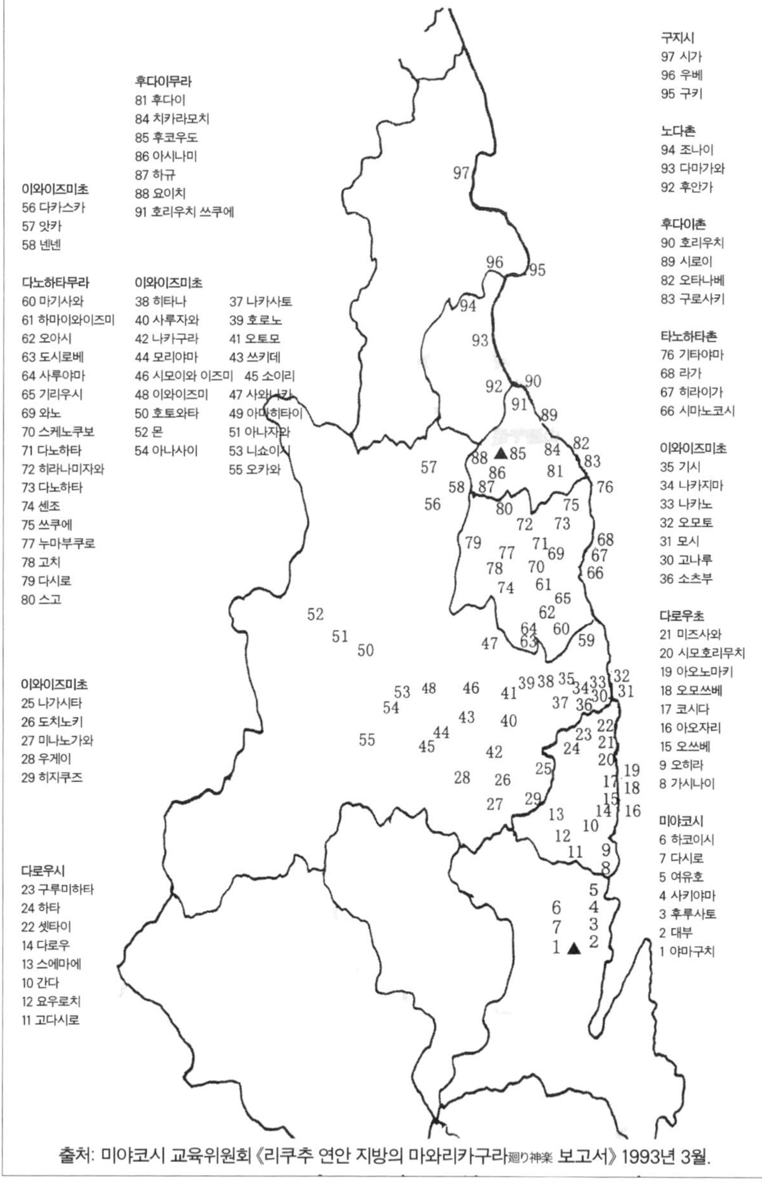

출처: 미야코시 교육위원회 《리쿠추 연안 지방의 마와리카구라廻り神楽 보고서》 1993년 3월.

지도 3-5. 구로모리카구라 남순회 순행의 주된 숙소

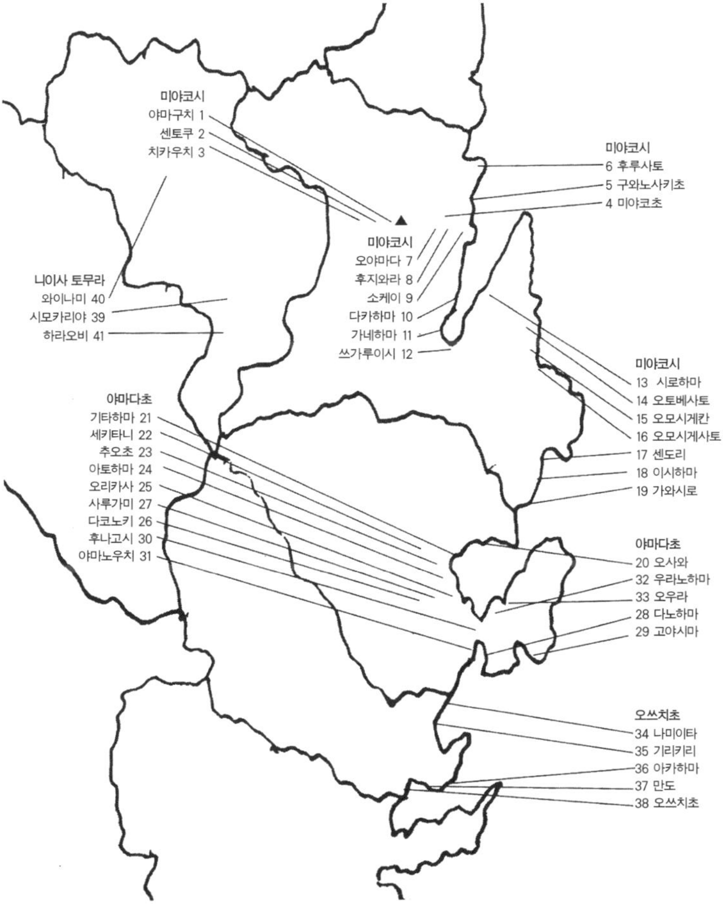

출처: 미야코시 교육위원회, 전게 보고서

지도 3-6. 우네도리카구라 북순회 순행의 주된 숙소

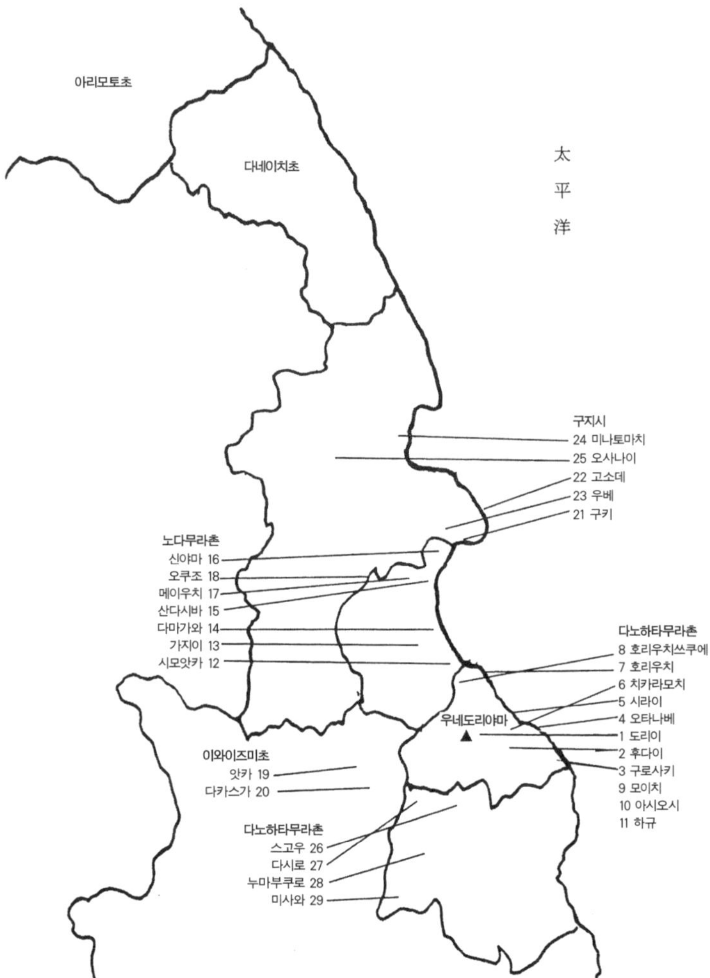

출처: 미야코시 교육위원회, 전게 보고서

지도 3-7. 우네도리카구라 남순회 순행의 주된 숙소

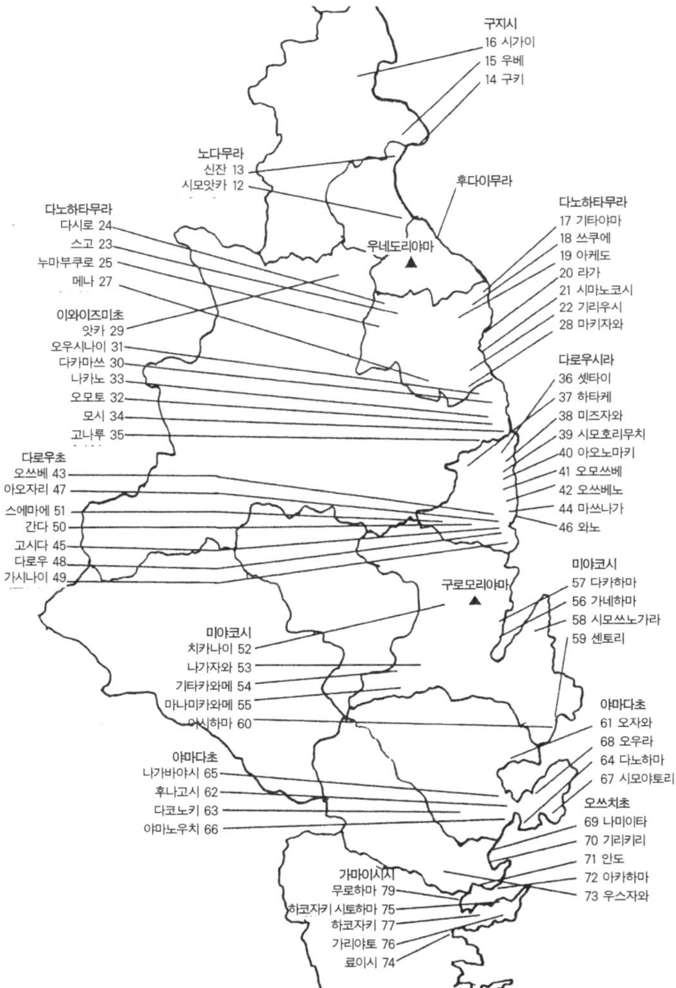

출처: 미야코시 교육위원회, 전게 보고서

으로 생각된다.

4) 순행의 사상

가구라 무리는 겨울의 농한기에 순행을 실시한다. 마을 사람에게는, 멀리까지 이동하는 것이 어려운데 스스로가 향하는 일 없이 신이 방문해 주시는 감사한 순행이며, 한편 가구라 무리는 가구라를 연기하는 것으로 수입을 얻는 것이 가능했다. 광범위에 이르는 순행巡行 가구라에서는 연안 지역과 가구라 무리의 사이에 상호부조가 성립해 있다고 생각된다. 가구라 무리를 통해서 지역에 유대감이 생기고 독특한 지역성을 갖추게 되었다고 생각되며, 이 광범위에 이르는 순행은 동북의 독특한 공동체 모습을 구성하고 있었다고 생각된다. 이 순행의 사상은 지진재해 부흥 계획을 생각하는 이상 염두에 두어야 할 동북지역의 특질이라고 말할 수 있다.

5. 재해에 강한 공동체를 목표로

이 장에서는 동북지역의 무형 민속문화재에 대해 개관해 왔지만, 그 속에서도 지진재해 부흥을 실시해 가는 중에 중요한 의미를 가지는 동북 문화로 다음의 세 가지를 들 수 있다.

① 자연에 녹아들어 자연과 공생해 온 동북지역의 문화

하야치네카구라로 대표되는 것처럼 동북지역의 무형 민속문화재에는 자연과 일체화하는 것으로 자연과 공생해 가는 사상이 보인다. 자연을 인간의 생활과는 양립하지 않는 것으로 취급하는 것이 아니라, 자연에 녹아 들어가는 것이 동북지역의 부흥에서는 중시되어야만 한다고 생각된다. 인간세계를 자연으로부터 분리해서, 최신의 기술에 의해 자연재해로부터 피해를 받지 않도록 하는 것만으로는 동북지역의 부흥과 관련해 바람직하다고는 말할 수 없다. 자연과 공생해 온 문화를 계승하여, 자연과 함께 살아가는 자세가 요구되고 있다.

② 바다와 관련이 깊은 행사에서 보이는 바다와의 공생 문화

역사적으로 몇 번이나 쓰나미 피해를 받아 온 연안부이지만, 사람은 거기에 계속 살아왔다. 바다는 연안부의 사람들에게 생활의 양식을 주는 한편, 위협도 가한다. 사람은 혹독한 바다에 대해 마쓰리라고 하는 행사를 통해 접하는 것으로 안전과 풍어를 기원해 왔다. 바다의 위협을 받아도 사람들은 바다에서 떠나지 않았다. 바다와 공생해 가는 지혜가 무형 민속문화재 속에 담겨져 있다.

③ 순행의 사상과 작은 상호부조의 공동체 문화

리쿠추 연안 순회가구라에 있어서 순행의 사상은 동북지역 특유의 공동체 모습을 시사하고 있다. 가구라를 중심으로 해서 광범위하게 구상되는 유대감이 동북지역 지역에는 있다. 연안의 각 지역끼리 가구라에 의해서 이어지고 문화도 이어져 간다. 농한기에 행해지는 순행은 마을의 사람에게는 신이 방문해 주시는 기회이며,

가구라 무리에게는 겨울철 수입원이 된다고 하는, 공동체에 있어서 상호부조가 성립되어 있다. 혹독한 자연환경을 이겨내기 위해 발생한 동북 특유의 문화라고 생각된다.

거듭되는 쓰나미 피해를 받고 있는 연안부에도 무형 민속문화재는 전승되어 왔다. 또한, 이번 동일본 대지진에서도 마쓰리에 의해 부흥 기원을 하고 있는 예가 여럿 보인다. 동북지역의 생활 그리고 공동체의 정신적인 유대감으로써 무형 민속문화재의 존재는 매우 커다란 의미가 있다. 그리고 전통 문화인 무형 민속문화재를 계승해 간다고 하는 것은 지역의 사람들이 세대를 초월하여 각각의 역할을 짊어지면서, 주체성을 가지고 문화를 창조해 가는 것을 의미한다. 부흥 계획을 생각하는 이상, 전통적으로 이어져 온 무형 민속문화재를 잘 살려서 지역 문화를 존중하고 한 사람 한 사람이 직접 참가할 수 있는 기반을 조성해 갈 절묘한 시스템으로 체득하는 것으로, 재해에 강한 공동체를 만들어 가는 것이 가능하지는 않을까.

참고문헌

一ノ倉俊一 著, 黒沼幸男 · 藤原一雄 · 上山才人 撮影. 《早池峰神楽》. 鄕土文化研究会, 1984年.

岩手県ウェブサイト 〈いわての文化国·県指定文化財〉. http://www.bunka.pref.iwate.jp/rekishi/bunkazai/index.html

岩手県教育委員会 · 宮城教育委員会 · 福島教育委員会. 《都道府県別 日本の祭り

· 行事調査報告書集成2 北海道 · 東北地方の祭り · 行事 2 岩手 · 宮城 · 福島》. 海路書院, 2009年.
神田よりこ. 〈鵜鳥神楽—神楽が舞い立ったから来んべえ〉《宮上地方史研究》 第3号. 宮古地方史研究所, 1986年.
長澤荘平. 《早池峰岳神楽 舞の象徴と社会的実践》. 岩田書院, 2009年.
福島県ウェブサイト. 〈教育庁文化財課ホームページ〉. http://www.bunkazai.fls.ed.jp/
文化庁ウェブサイト. 〈国指定文化財等データベース〉. http://www.bunka.go.jp/bsys/
文化庁ウェブサイト. 〈文化遺産オンライン〉. http://www.bunka.nii.ac.jp/Index.do
宮城県ウェブサイト. 〈文化財保護課ホームページ〉. http://www.pref.miyagi.jp/bunkazai/
宮古市. 《〈陸中沿岸地方の廻り神楽〉鵜鳥神楽 · 黒森神楽》 1999年 3月.
宮古市教育委員会. 《陸中沿岸地方廻り神楽 報告書》 1993年 3月.
宮古市教育委員会 · 田老町教育委員会. 《黒森神楽調査報告(一)黒森神楽(資料編)》 1982年.
八甫谷邦明編集. 《季刊まちづくり》 32, 学芸出版社, 2011年, 9月.
《国立劇場 第九五回民俗芸能公演 早池峰神楽—大償と岳》. 日本芸術文化振興会, 2003年.

바다에 접해 서 있는 센다가 주택

제 4 장 피재 고민가 조사와 부흥의 사고

요네자와 다카노리米澤貴紀 · 미야자와 슈스케宮澤秀輔

이번 지진 재해에 의해서 피해를 받은 민가는 수가 많다. 우리들은 이들 피해민가의 수리와 그 후의 보존·활용을 통한 지역 부흥을 모색하기 위해 현지조사를 실시하고 있다. 여기에서는 그 조사의 기록 및 피해 민가와 부흥에 대한 생각을 정리했다.

지금까지의 조사로 청취 및 스케치 작성, 사진 촬영에 의해 구체적인 조사를 행한 것은 다음의 두 채이다.

① 엔도遠藤가 주택

조사일 : 2011년 9월 23일

조사원 : 나카가와 다케시, 미야자와 다케노리,
요시하라 신이치, 미야자와 슈스케

② 센다千田가 주택

조사일 : 2011년 9월 24일

조사원 : 나카가와 다케시, 미쓰자와 다카노리,
요시하라 신이치, 미야자와 슈스케

1. 엔도가 주택

1) 주택의 개요

엔도가 주택은 미야기현 모토요시本吉군 미나미산리쿠초 이케쓰池津천에 서 있는 민가이다. 국도 45호선을 따라가면, 서쪽의 움푹하게 팬 땅에 굴뚝을 가진 특징적인 새로 인 지붕이 보인다. 대지에는 다른 건물이 몇 동, 움푹하게 팬 당의 경사면에 정원이 있다.

건물은 쓰나미에 의해 쓸려가 위치가 변했고 파손되어 있기 때문에 피해 전의 상세한 모습은 불명확한 점도 있지만, 원래는 대지의 서쪽에서 남동을 향해 서 있었다. 규모는 정면이 약 16.3m(하시라마柱間는 12간), 측면이 약 9m(남서 측 하시라마는 6간), 단층집 구조의 비교적 커다란 주택이다. 지붕은 새로 이었고, 요세무네즈쿠리寄棟造[1]로 지붕 용마루 중앙에 굴뚝의 작은 지붕이, 정면 측 지붕에는 채광용 창이 열려 있다. 피해 전의 집 구조는, 남서 측의 남으로 마루를 갖춘 12첩의 다다미방 서쪽에 1실. 다다미방의 동쪽 옆

1 건축물의 지붕 형식의 하나로 네 방향으로 경사하는 지붕의 면을 갖는 것을 이른다.

그림 4-1. 엔도가 위치도

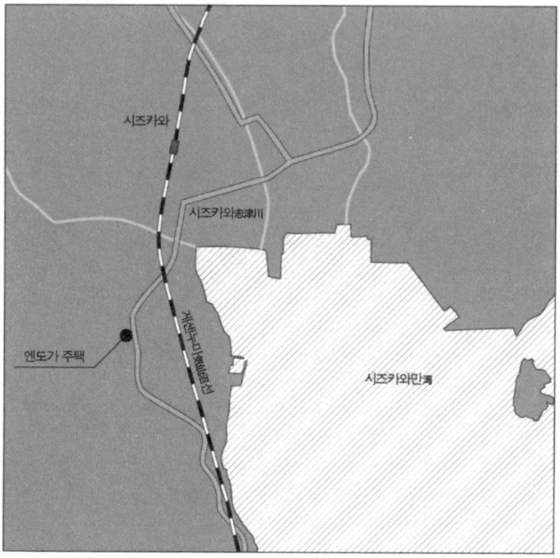

에 다음 간(12첩 반)을 만들어, 불단과 신도의 신을 모시는 가미다나神棚를 마련한다. 다음의 간 서측에도 1실 있다. 곁방과 헛방의 동측은 원래는 마루방과 토방이 있었던 곳이라고 생각되지만, 현재는 전田 자형으로 4방이 만들어져 있다. 또한, 다다미방과 다음 간의 정면에는 2방이 이어진 툇마루가 있다.

내부는 흙벽이고, 천장은 네다根太 천장 같은 두꺼운 장대를 사용한 사오부치竿縁 천장. 방 경계에는 판자문, 맹장지, 장지라고 하는 칸막이가 세워져 있다. 특징적인 디자인인 곁방의 가미다나는 두 개 있고, 목재를 수평 방향으로 연결한 나가오시長押보다 위의 가미다나는 벽면으로 붙여져 있고, 투조의 널빤지를 붙인 훌륭한 것이다.

엔도가 주택은 후술하는 것처럼 이전의 방 배치를 알 수가 있고 그 모습으로 돌아가는 것도 가능하며 또한 다다미방, 곁방은 당시의 모습이 그대로 남겨져 있어서 귀중하다. 그리고 특징적인 외관, 근린에 에도시대 중기에서부터 남은 민가가 거의 없다는 점 등에서 이 지역의 역사를 상징하는 건물이라고 말할 수 있다. 지진 재해로부터의 부흥에 있어서도 지역의 연대를 나타내는 것으로 자리매김해 갔으면 한다.

2) 엔도가와 건물의 역사

엔도가가 있는 시즈카와 오쿠보大久保 지구는 기복이 많은 지역으로 동으로 시즈카와만이 있고 구릉을 사이에 두고 국도 45호선이 있으며 그 동측에 에도시대의 리쿠젠게센 간선도로, 그 서측에는 다시 구릉이 된다(그림 4-1). 바다 측의 구릉에는 30년마다 실시되어 온 '구로부네 마쓰리黒船祭'에서 끌고 다니는 구로부네의 마쓰리 수레인 다시山車가 격납되어 있는 신사가 있다(제5장 제2절 참조). '구로부네 마쓰리'는 수풀의 해안에 구로부네가 흘러 도착한 것에서 유래하는 마쓰리로, 하야시囃子가 탄 배를 시시가시라를 선두로 해서 3일간에 걸쳐 시즈카와초 안을 끌고 다닌다. 배는 꽃장식을 붙이고, 뱃머리에는 뱀머리가 붙어, 끌고 다닐 때에는 지레로 배를 모는 것이다. 주된 산업은 어업과 농업이며 일찍이 양잠도 번성했다. 이것은 엔도가에 게고바루蚕笊나 마유다마繭玉 등 양잠에 얽힌 물건들이 남겨져 있는 것으로부터도 알 수 있다.

엔도가는 현재 당주인 시게유키重幸 씨로 13대째가 되고, 초대는 겐로쿠 15년(1702)경에 분가했다고 전해지고 있으며 '지형분원地形分願'이 남겨져 있어 분가의 내용이 쓰여 있다(겐로쿠 15년 3월

마유다마繭玉

게고바루蚕笊

15일 가족 4인, 사헤이지佐平次 46세로 분가). 본 주택은 그 때에 세워진 것이라고 한다. 건물에 대해서는 메이지 30년(1897) 2월과 동 33년 8월의 날짜가 들어간 2장의 가소家相도[2]가 남겨져 있어, 당시의 주택 모습을 알 수가 있다. 또한 이 2장의 가소도에 그려진 방의 배치는 커다란 차이가 없다. 이들의 가소도 외에도 엔도가에는 고문서·소도구류도 많이 남겨져 있어, 에도시대에 걸쳐 가문이 유명하고 유복한 집이었다는 것을 엿보게 한다.

또한 현 당주의 조부가 국도를 부설할 때 토지를 바쳤고, 또 대지의 남서로 달리는 길도 마찬가지로 해서 만들어졌다. 이것에 의해 현

2 집의 구조, 위치, 방향 등으로부터 그 집에 사는 사람의 길흉을 판단하는 문서.

엔도가 주택을 내려다본다. 특징적인 지붕이 보인다

엔도가 주택 뒷면. 굴뚝이 잘 보인다

재 엔도가는 도로로 둘러싸인 주위보다 낮은 땅에 세워지게 되었다.

엔도가 주택의 정확한 변환에 대해서는 보다 자세한 조사를 행하지 않으면 안 되지만 앞의 가상도와 비교하면 다다미방, 곁방과 그 배후의 2방은 그 구성이 유지되어 있는 한편 현재 개축된 4방의 부분은 마루방과 토방의 2실로 되어 있었던 것을 알 수 있다. 토방에는 아궁이가 세 개 있었던 것 같다. 또한 확인된 흔적에서는 작은 방의 가미다나의 면에서 1간, 천장에 二本溝의 윗미닫이틀(가모이; 鴨居)이 있기 때문에 원래는 천장과 윗미닫이틀 사이에 칸막이(란마欄間) 같은 게 있었을 가능성이 있다고 생각된다. 그 외에 대해서는 보다 자세한 조사가 필요하다.

3) 피해 상황

엔도가의 피해는 주로 쓰나미에 의해 발생되었다. 쓰나미는 대지의

그림 4-2. 엔도가 피해 상황 평면도

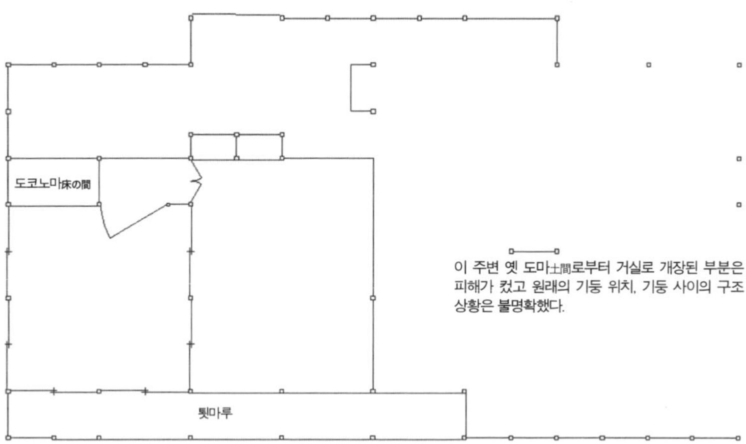

내부 피해 상황. 안쪽이 다다미방

북동, 국도 쪽에서 침입해서 주택을 들어 올려 거의 90도 회전시켜 대지의 남서로 떠내려가게 했다. 쓰나미는 천장과 나가오시의 사이에까지 달해 있었던 것이 흔적으로부터 알 수 있다. 건물의 중심부인 축부는 주로 옛 토방 부분의 외측 기둥이 파탄나서 소실되었기 때문에, 조사 시에는 건물이 기울어져 있었다.

툇마루 부분의 피해 상황

잔존 축부도 뒤틀림이 발생하여, 흙벽은 벗겨져 떨어진 부분이 눈에 띈다. 내부 부속물도

엔도가 주변의 모습. 한 단 낮은 장소에 서 있는 것을 알 수 있다

엔도가 가미다나

다다미방 주변 피해 상황

옛 토방 부분 피해 상황

커다란 피해를 입어서 특히 곁방과 개축 부분은 방 경계 벽, 칸막이는 거의가 소실된 상태이다.

한편으로 고야구미小屋組는 거의 그대로 남아 있고, 지붕도 동쪽 구석이 무너져 있는 것을 제외하면 거의 원형을 보존하고 있다. 이렇게 건물의 상부 구조가 그대로 남고 하부의 파손 정도가 큰 것은, 흘러 들어온 물에 의해 건물이 뜬 것이 원인이라고 생각된다. 사랑채의 차양은 그 높이로부터 침수되었다고 생각되며, 지탱을 잃은 부분이 붕괴되어 있다.

또한 엔도 씨에 의하면, 대지가 주위보다 낮은 땅이었기 때문에 흘러 들어온 물이 고인 상태로 건물이 떠올랐으며 또 흘러 나갈 부분이 한정되어 있었기 때문에 물이 끌려 나갈 때에 단숨에 끌리지 않고 한동안 고여 있었기 때문에 건물이 붕괴되거나 떠내려가거나 하지 않았던 것이다. 그 외에 대지 내에 서 있던 건물이 손괴되거나, 소실되거나, 소장문서나 양잠할 때 사용한 민속자료가 수몰되거나 하는 등의 피해를 당했다.

2. 센다가 주택

1) 주택의 개요

센다千田가 주택은 오후나토大船渡시 산리쿠초 아야사토綾里촌 스나고하마에 있으며 항구를 내려다보는 사면에 서 있다(그림 4-3). 대지에는 바다를 바라보는 것처럼 오모야母屋가 서 있고, 그 외에 아

그림 4-3. 센다가 위치도

그림 4-4. 센다가 주택 위치도

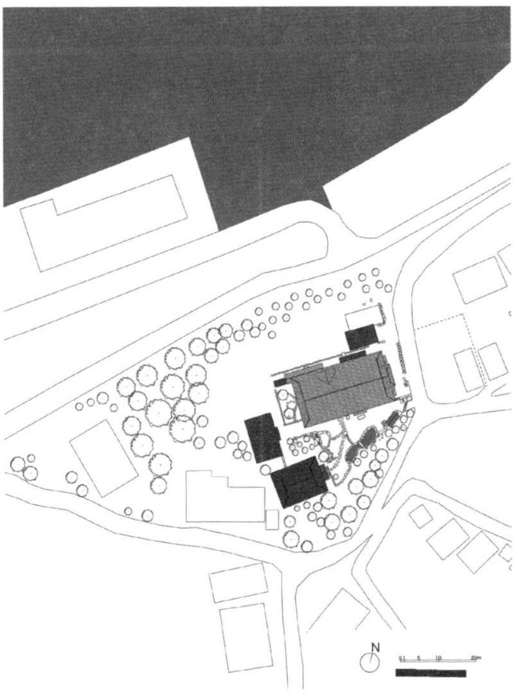

그림 4-5. 센다가 주택 1층 평면도

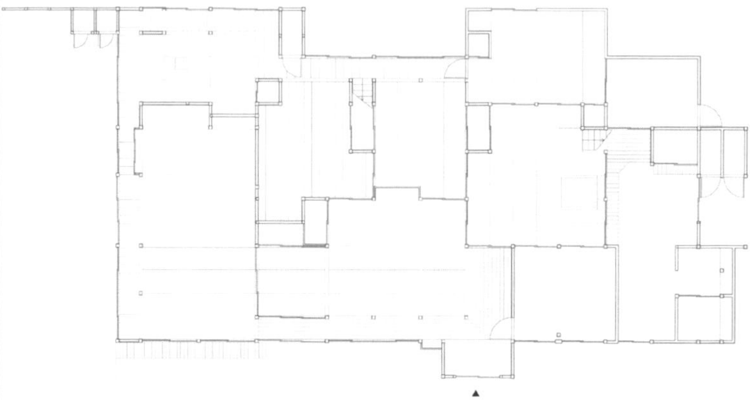

미다여래阿弥陀如来를 모시는 불당과 창고가 있다(그림 4-4). 본채는 정면 약 24.5척, 측면 약 14척의 커다란 민가이다. 건물의 거의 중앙에 현관을 만들고 그 서측에 다다미방을 동측에 토방, 화로가 있는 방을 두고 북측에는 거실 등을 설치한 평면이다. 방의 배치로 특징적인 것은 역시 다다미방이며, 도코노마床の間를 꾸민 10첩의 다다미방과 8첩의 곁방 2방이 연결되어 있다(그림 4-5). 2방의 경계에 끼워진 무기 장식을 한 판자와 깨진 격자로 이루어진 란마와, 도라지 문양과 복숭아 문양의 장식물 등 장식성이 풍부한 디자인을 가진다. 한편 도마와 이로리를 설치한 그 옆방에는 천장을 덮지 않고 지붕을 지탱하는 형태가 보이는 등 민가답게 만들어져 있어, 상류 농가다운 구성을 가지고 있다. 몇 군데 개축이 보이지만 대체로 오래된 디자인을 남기고 있어 그 가치는 높다.

불당은 3간, 측면 6간이며, 외측 조립은 지붕을 떠받치는 정면에 고하이向拝를 설치한다. 정면의 문짝은 오리산가라도折桟唐戸,[3] 그 외는 미닫이인 마이라도舞良戸로 본채와는 전혀 다른 디자인의 건물이다. 그 내부는 다다미 깔린 일반사람들이 예배하는 가이진外陣과 마루로 깔린 나이진内陣으로 되어, 정면 및 측면의 세 방향으로 툇마루가 둘러 있다. 내부는 매우 장식성이 풍부하여 내외진의 경계에는 접이식 문인 오리도折戸, 그 상부에는 채색된 봉황의 조각 란마가 3장 끼워지고 들보 위에는 가에루마타蟇股와 고부시바나拳鼻가 있는 히라미쓰토平三斗의 구조가 얹힌다. 가이진의 주변에는 초목조수의 조각 란마가 끼워져 있다. 나이진 정면은 테두리를 둘러, 그 위에 데구미出組[4]의 조합과 지붕구조를 떠받치는 맨 위 구조물을 올리고, 다시 에스자 구조물을 설치하는 등 가장 장식적인 모습을 나타낸다. 그 아래에 불단이 세 개 나란히 있고, 중앙에 아미다여래상을 모신다. 측면의 란마는 촉나라의 비단 문양으로, 건물의 격을 느끼게 한다. 맹장지는 나이진에 꿩이, 가이진에 용이 그려져 있다.

이처럼 센다가에는 에도시대부터의 생활과 신앙 모습을 전하는 건물이 남아 있다. 또한 이번의 지진재해 시에도 괴멸적인 피해를 입지는 않고, 지금까지의 재해를 잘 헤쳐 왔다는 것을 알았다. 후술하겠지만, 항구는 지진재해에 의한 피해를 계속 받으면서도 주택은 남는 등 높은 지역 이전을 생각할 때에 참고가 될 요소를 발견할 수 있다. 지형이나 과거의 지진·쓰나미 피해의 기록 등과 합쳐서 앞

3 문틀 내에 테두리를 둘러 그 안에 얇은 판을 끼워 넣은 출입문으로 가마쿠라시대에 유행했다.

4 목조의 사원 건축에서 주로 기둥 위에서 지붕을 지지하는 구조물.

센다가 주택 정면

센다가 주택에서 스나고하마砂子浜 어항을 바라보며

본채 다다미방. 방 경계에 란마, 안에 도코노마

센다가 주택 내관

센다가 주택 불당 정면

센다가 주택 불당 내관

불당에 안치된 아미다여래阿弥陀如来 입상

센다가 주택 창고

으로의 부흥계획에 활용하고 싶은 사례이다.

2) 센다가와 건물의 역사

센다가가 있는 스나고하마는, 리아스식 해안 특유의 바다에서 돌출된 반도이며 오키라이만에 접해 있다. 바다에서 곧 경사면이 되어, 인가는 그 경사면에 세워져 있다. 주된 산업은 어업으로 미역이나 가리비 등의 양식어업이 행해지고 있다. 그 기점인 스나고하마 어항은 쇼와 10년(1935)에 조선소·방파제가 정비된 것을 시작으로 그 후 부두, 작업장, 관련 길 등의 정비가 실시되어 왔다.

센다가는 게이초慶長 연간에 초대가 이곳에 살았다고 전해지는 유서 있는 집안이며, 현 당주는 규베에基久兵衛 씨이다. 대지 내에 설립된 건물도 역사가 있는 것으로 이 집에 전해지는 가계보에 적힌 건물의 조영에 관한 기술을 골라내면, 이하에 대해 알 수 있다. 5대·니니헤에仁兵衛 대에는 불당의 신축, 불상의 안치〔겐로쿠 15년(1702)〕, 저택의 개축〔호에이宝永 2년(1705)〕이 기록되고, 7대·기에몽儀右衛門 대에는 저택의 개축〔메이와明和 5년(1768)〕이, 8대·니니헤에 대에는 불당의 개축〔덴메이天明 5년(1785) 기공, 분카文化 7년(1810) 낙성〕, 창고의 신축〔덴메이 8년(1788)〕이 각각 기재된다. 다만 초대부터 쓰인 이 계보 중에는 저택 신축의 기술이 없다. 몇 번의 개축 기술을 살펴보면, 당초의 건물이 부분적으로나마 남아 있다면 호레키宝暦 2년 이전으로 거슬러 올라갈 가능성을 지적할 수 있다. 또한 각각의 개축 규모는 불명확하다.

불당은, 이름 등은 불명확하지만 게센의 목수들의 손에 의한 것이라고 추측되고 있다. 이 당의 건립년과 같은 겐로쿠 15년, 불상의 크기 1척 3촌의 아미다여래의 입상이 주문되었고, 교토 7조에 있던 불상 만드는 공방의 거장 사쿄 야스하루左京康治 앞으로의 주문서가 남겨져 있다. 또 동년에는 불상 안치 면허도 얻어, 열렬한 신앙과 유복함을 엿볼 수 있다.

이들의 건물이 문화유산 가치를 가지는 것은 확실하지만 이번에는 충분한 흔적조사를 행하는 것이 불가능했기 때문에 건물의 변환을 따르지 못했으므로, 앞으로의 과제로 남았다.

3) 피해 상황

센다가는 침수 피해를 당했지만, 조사 시에는 정면의 여러 방과 생활공간 등이 집주인 스스로의 노력에 의해 복구가 실시되어 있었다. 흙벽의 표면, 마루 위 약 30cm 정도에 침수의 흔적이 남아 있다. 지진에 의한 피해는 언뜻 봐서는 보이지 않았다. 피해가 컸던 것은 문서, 병풍 등으로 복원하러 보내진 것도 있다고 했다.

불당은 기단基壇 위에 만들어져 있었기 때문에 마루 위에는 침수되지 않았다고 생각된다. 두꺼운 흙벽의 광은 외벽 아래쪽으로 벗겨져 떨어지고 있다.

센다가의 피해가 크지 않았던 것은 항구에서부터 어느 정도 높은 장소에 있었기 때문일 것이다. 또한 이 지역은 칠레 지진 쓰나미에도 커다란 피해는 없었던 것이 기상청에 의해 보고되고 있다(《기상청 기술보고 제8호》 기상청, 1961년).

3. 피재민가와 부흥을 위한 정신

1) 두 채의 민가를 조사하고

지금까지의 조사에서는 위 2가지 예의 민가에 대해 조사를 실시해 왔다. 그 커다란 목적 중 하나가, 이들 민가의 복원·보존·활용을 통해서 부흥계획을 보다 지역에 뿌리를 두고 풍부하게 해 가는 기점으로 할 것, 또 그를 위한 지혜를 얻는 것이다. 이하에서 각각의 민가의 조사를 통해서 얻은 복원·보존·활용의 방법과 부흥의 전망에 대한 의견을 언급하려 한다.

(1) 엔도가에 대해

엔도가의 경우는 피해가 크다는 점, 앞으로 현재 장소에 복원을 행해도 지금과 같은 규모의 쓰나미가 오면 다시 피해를 입을 것이라는 상정이 가능하다는 점에서 이축보존과 그 방법, 그 후의 활용에 대해 생각할 사례가 된다.

엔도가는 이 지역에서도 오래된 건축물이며 지역의 산업이었던 양잠의 자료를 가진 점 등을 포함해, 시즈카와 오쿠보 숲의 역사를 나타내는 상징이 될 수 있을 것이다. 이것은 건물 그 자체의 문화재적 가치와 함께 이 집을 이곳에 남겨서 물려줄 중요한 이유가 된다.

이전 시에는, 근린에 건설 예정인 부흥기념공원과 함께 고지대로 이전한다. 그리고 복구공사에서는 고장 옛 목수들의 기술을 전하는 지금의 목수나 지역 사람, 특히 학교 교육의 일환으로 어린이들에게 벽토를 바르는 등의 공동 작업에 참여하도록 해 지역재산으로서의 인식을 갖게 한다. 이러한 과정을 통해 엔도가가 지역의 역사 그리고 이번 지진재해에서의 피해를 앞으로도 전달하기 위한 기점으로서, 또 쓰나미가 발생할 때에는 이 집을 향해서 도망가면 된다고 하는 피난처로서의 역할을 맡길 바란다. 또한 이러한 과정을 통해 지역의 연대감·방재의식 향상도 기대할 수 있을 것이다.

(2) 센다가에 대해

센다가의 경우는 이번은 커다란 피해를 받지는 않았지만, 산기슭의 어항은 사용 불능이 되는 피해를 당했고, 토지 높이의 유효성이 보인 사례이다.

스나고하마는 산이 그대로 바다로 움푹 들어간 리아스식 해안의 전형적인 지형을 하고 있기 때문에 예로부터 경사면, 혹은 산등성이에 살며 산기슭의 해안에서 어업을 행하는 생활을 해 왔다고 생각된다. 그 결과 지진재해를 피할 수 있었다는 것은 새삼 주목해도 좋을 것이다. 이번의 지진재해로 피해를 입은 지역에서는 산업을 위한 시설은 해안으로 가지고 가고 사람들의 주거는 고지대에 건설한다고 하는 토지의 새로운 이용도 생각되고 있지만, 실제 생활을 하는 이상 여러 문제점도 예측된다. 그에 비해 실제로 그러한 생활을 해 온 집락의 사례로, 대규모 도시에는 어울리지 않을지도 모르지만 소규모의 집락 등에는 참고가 되지 않을까 한다.

또한 센다가 주택, 불당은 문화재로서의 가치도 있는 것으로, 특히 불당은 지역에서의 불당 역할을 민가가 맡아 온 예로 귀중하며 그 보존이 요구될 것이다. 보존에 대해서는 앞으로의 활용 면에서 지진재해의 기억·기록을 전하고, 생활의 지혜 전승에 도움이 되도록 해 나가는 것이 좋다고 생각한다.

2) 3·11 이전의 마을 풍경과 생활로 되돌리기 위해

현재 동북 각지에서 쓰나미 피해를 입은 문화재 건조물 조사가 실시되어 보존·수리의 처치, 그 후의 활용이 생각되고 있다. 파괴되어 버린 예도 많지만 역사적 건조물을 보존하기 위해 노력하고 있는 사람들도 있다. 우리들은 이러한 활동에 힘을 보탬과 동시에 단지 건조물을 남겨, 건물 한 채로서의 활용을 생각할 것이 아니라 지역의 부흥계획 속에 적극적으로 받아들여 가길 기대하고 있다. 거기에 예전부터 서 있던 건물은 커다란 존재감을 가지며, 지역의 상징물이었다는 것은 상상하기 어렵지 않다. 다시 마을을 부흥할 때, 이들 건물도 합쳐서 부흥하는 것으로 3·11 이전의 풍경으로 되돌리는 것이 가능할 것이다. 그리고 그러한 의미를 가진 건물이라는 것을 지역 사람들이 인식해서, 그 연대의 상징으로 지역주민 손으로 보존을 도모하는 것이 중요하다.

다소 사례는 다를지 모르지만, 제2차 세계대전에서 공습피해를 받은 독일의 공업도시인 드레스덴에서는 부흥할 때에 원래의 벽돌을 가능한 한 사용해서 이전과 같이 바로크 양식 건물을 만들어 피해 입기 전의 마을 풍경으로 충실히 되돌렸다. 이러한 사고방식은 우리들이 캄보디아나 베트남에서 유적을 복원할 때의 사고방식과 공통되는 부분도 많아, 지금까지 쌓아 온 체험과 지혜를 활용하는 것이 가능하다고 생각하고 있다.

메이지 산리쿠 먼바다의 지진과 쓰나미 때, 당시 사람들은 비석을 남겼다. 하지만 오랜 세월 동안 그것은 잊혀져, 이번 쓰나미에서 그 지혜가 충분하게는 활용되지 않았다. 이번 지진 재해는 당시와는 다르고, 영상으로도 사진으로도 기록이 남겨져 있다. 하지만 앞으로도 그 위력의 크기를, 상상을 초월하는 힘을 주위 사람에게 전하기 위해서는 그러한 미디어가 아니라 지역의 연대 속에서 그 역사를 간직한 건축물과 함께 남겨 전하는 것이 가장 유효하지 않을까. 일상에서는 주택·공공시설 등의 건물이라면 방재에 관한 계몽활동이나 지역활동의 기점으로, 두꺼운 흙벽의 광 등은 비상용 물자 보관소로 사용되어 비상시에는 피난의 목표, 피난소 혹은 구원활동의 기점으로 사용할 수 있다. 그러한 활용방법을 가진 보존도 생각해야 하는 것은 아닐까.

우리들은 이러한 문화적 건조물이나 무형 문화재, 다시 말해 지역에 뿌리를 내린 문화재를 부흥의 중심에 두고, 예전의 마을과 연속한 풍경, 생활을 다시 되돌리기 위한 제안 그리고 대화를 해 나가야 한다고 생각한다.

제 5 장

제례와 민속예능의 부활, 그리고 도시정비

오스기大杉 신사 주변의 지진 피해 상황

나카가와 다케시中川武

1. 오쓰치의 가코오도리

2011년 9월 오쓰치大槌초 고쓰치小鎚 신사에서 가까스로 개최할 수 있었던 가을 대제大祭에 우리들도 참가하였다. 가코오도리鹿子踊, 도라마이虎舞 등 오쓰치초의 근린도 포함해서 각 지구, 각 마을 내의 수십 팀이 모였다. 쓰나미 피해를 면한 지구에서 참가한 팀도 예년의 10분의 1도 연습을 할 수 없었다고 한다. 하물며 완전히 소실해 버린 마을에서 온 팀은 그 대부분이 가설주택 혹은 도쿄에서 급히 달려왔지만, 모두 한두 번 모이는 것이 고작이어서 거의 연습은 되어 있지 않았다.

그렇지만 그들은 들끓는 것처럼 자랑스러워했다. 팀을 한데 모

고쓰치신사에서 피해지역을 보며

으거나 그 자리에서 아이에게 하나하나 자상하게 가르치고 있는 노인, 피리와 태고 담당인 장년, 춤 담당 청년, 미래의 역군인 소년 소녀와 어린이들, 선수들을 둘러싸고 이야기하고 있는 어머니, 누나들. 요약하자면 마을이, 동호인들이 빠짐없이 모여 참가하고 있는 것이다. 마쓰리나 춤의 옷차림이 아직 뒤죽박죽이거나, 지원된 유니폼이 그 자리에 어울리지 않는다거나, 마쓰리 가마나 시시가시라獅子頭나 악기가 부족하거나, 춤이 맞지 않았다거나 하는 것도 확실히 군데군데 보였다. 하지만, 역시나라고 무심코 편들게 되는 고양적 일체감이 자아내는 환한 기쁨이, 어느 팀에나 넘치고 있었다.

그 반면, 조금 고지대에 있는 고쓰치신사의 그리 넓지 않은 경내에서 펼쳐진 이 마쓰리 배후에는 쓰레기 더미인 채로 방치된, 공백보다도 무거운 짐인 마을의 황량한 광경이 엄연히 펼쳐져 있었

시라사와白澤 가코오도리鹿子踊

다. 하지만 피해 입은 사람들은 마쓰리를 할 상황이 아니다, 춤출 상황이 아니다라고는 생각하지 않았던 것이다. 이 마쓰리 부활을 위해 빠르게 생겨난, 남녀노소 간 전승에 의해 연결된 커뮤니티의 활력과 거기에 자아를 잊고 몰입하는 희열이야말로 무엇과도 바꿀 수 없고 비견할 수도 없는 상실에서 부흥으로 향하게 하는 원동력이 될 것임에 틀림없다.

2. 엔도가의 보존·복구와 구로부네마쓰리의 재부흥

1) 엔도 씨와의 만남

2011년 7월과 8월에 시즈카와志津川만을 따라 국도 45호선을 달릴 때, 꽤 고지대에 위치하고 있음에도 불구하고 깊은 골짜기에 있었기 때문인지 옥새로 새로 지붕을 인 인상적인 민가가 떠내려가 반

지도 5-1. 엔도가와 고즈텐노牛頭天王사

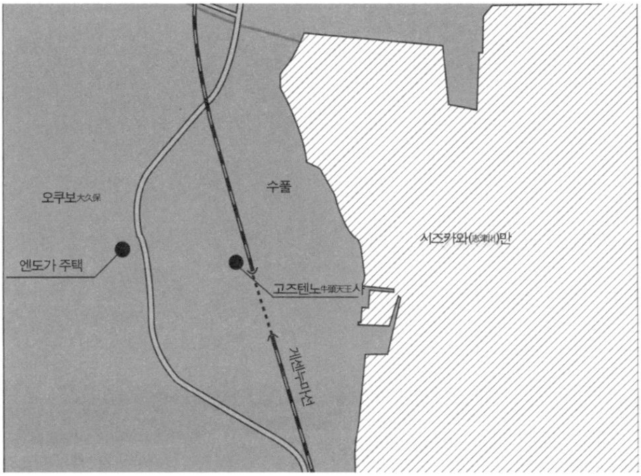

파되어 있는 모습이 보여서 신경이 쓰였다. 9월에 조사의 의뢰로 그 민가를 방문했을 때, 소유자인 엔도 씨가 기분 좋게 맞아 주셨다. 하지만 "시코쿠의 어느 민가보존단체에게 인수될 것이 결정되어 아쉽다"고 말씀하신다. "어찌된 일입니까"라고 물으니, 시코쿠 재단의 제의는 이 집이 필요하다는 것이므로 감사한 일이지만 가능하면 복원하여 가까이에 이축했으면 했다는 것이었다. 오랫동안 사셨기 때문에 지당하다고 생각했지만, 어쨌든 조사 허가를 얻어 연구실의 조수, 대학원생과 함께 반나절 정도 조사를 했다. 엔도 씨도 구석구석까지 정성스럽게 설명해 주셨고, 그 애착의 깊이가 아플 정도로 전해져 왔다.

조사의 결과는 제4장 제1절에서 보고한 대로 기둥이 1칸 간격으로 정연하게 나란히 서 있는 부분은 상당이 예전 양식을 보이고 있다는 점, 양잠이 번성한 지역이었다는 점을 여실히 나타내는 독특한 양잠 관계의 도구나 마유다마 장식, 특징적인 지붕의 장식적 세부 양식 등을 남기고 있는 점, 그리고 흔적으로부터 변환이 꽤 명료하다는 점 등이 명확해졌다. 근린에서 이러한 민가는 현재 거의 없는 상태라는 점, 이 지역에 머지않아 쓰나미 피해기념 및 피난공원이 건설될 가능성이 있다는 점 등도 알게 되었다.

그런데 엔도가 대지의 주변을 조사하고 있을 때, 오쿠보 지구보다 해안가 숲에 있는 고즈텐노牛頭天王사라는 작은 신사에서 용머리 장식이 문을 개방한 채로 모셔져 있는 광경을 우연히 보았다. 이런 곳까지 쓰나미가 왔나 하고 생각해서 주변을 살펴보아도 상당한 고지대이므로 그 흔적은 없고 신사의 바로 가까이에는 거대한 목조배를 수납한 목조의 헛간이 있었다. 지나가는 사람에게 물어보니 구로부네마쓰리黑船祭라고 해서 이미 40년 정도 실시되지 않고 있지만, 용머리를 선두로 예선을 하면서 옛 시즈카와초까지 순행한 배가 이곳에 보관되어 있다는 것이었다. 서서 이야기한 것이었지만 여러 가지 물어보니 고즈텐노사 근처에 사는 K씨가 4세 때 최후로 구로부네마쓰리가 있었

용머리 장식

다는 것, 인구가 감소해서 마쓰리가 불가능하게 되어 중단되었는데 어떻게든 재부흥시키고 싶다는 마음에서 지진재해의 반년 정도 전부터 태고와 피리를 배우고 있는 노인이 살아 있는 동안에 기록만이라도 만들자고 의논을 시작한 때, 이 지진재해로 또 멀어져 버렸다는 것이었다.

2) 가까운 곳으로의 이축과 구로부네마쓰리의 재부흥

이 이야기를 들은 나는, 엔도가 주택이 가까운 장소로 수리 이축하는 것과 구로부네마쓰리黒船祭의 재부흥은 각각 단독으로는 곤란이 예상되고, 이 2개의 사업이 연계되면 양쪽 모두 가능하게 될지도 모른다고 생각했다. K씨에게 다시 방문하기로 약속을 하고 문헌 등을 조사해서 시코쿠의 재단에게 어떻게든 그 고장으로 이축(엔도가 주택은 2012년 1월 현재, 피해지에서 30m정도 떠내려가 90도 회전해서, 반파 상태인 그대로이다)할 수 없을까라는 부탁의 편지를 보냈다. 아직 그 이야기는 진행되지 않았지만 2011년 11월 20일에 숲의 센터에서 구로부네마쓰리 관계자와의 협의를 실시하고 그 고장에서 보관되어 왔던 관련 기념자료나 8mm 필름에 담겨 있던 40년 전의 구로부네마쓰리의 모양, 그때의 기록 테이프 등을 받아서 연구실에서 디지털화하게 되었다. 우선 기록상 가능한 한 구로부네마쓰리를 부활시켜 순행로 등을 확인하고, 구로부네를 수리하고 싶다는 생각을 갖고 있다. 그리고 그 고장의 몇몇 젊은이들과 의논을 진행하여, 차근차근 피리와 큰북을 정비해서 연습을 계속했으면 한다.

물론 절대적으로 사람이 부족할 것이다. 하지만 가까운 곳, 경우

구로부네마쓰리 순행도(약 40년 전)

에 따라서는 도쿄 등 대도시의 마쓰리를 좋아하는 사람들에게 말을 걸었으면 한다. 당시의 순행 사진(위)을 보면 그 고장의 사람이든 누구든, 어떻게든 이 마쓰리를 다시 한 번 재승시키고 싶다고 바라게 될 것이다. 마쓰리가 한 걸음씩 현실에 가까워 간다면, 반드시 엔도가 주택의 이축도 좋은 방향으로 움직이는 것은 아닐까라고 기대하고 있다.

지역 목수의 계보를 잇는 훌륭한 목수 기술자, 지역의 주민, 그리고 학교 관계자와 상담해서 어린이들도 참가하도록 해서 이 토지의 역사 그 자체인 옛 민가와 마쓰리를 부활시키는 방향으로 걸음을 옮겨 나갔으면 한다.

3. 윤택하고 아름다운 야마다 만의 가능성과 히키후네마쓰리의 재편

야마다山田 만은 아름다운 만湾이다. 굴·가리비·미역 등을 중심으로 한 풍부하고 맛있는 양식 어장으로도 알려져 있다. 하지만 이 풍부함 때문인지, 절묘한 스케일의 만임에도 불구하고 만 가운데의 각 지구나 마을의 독립색이 강하다. 제3장 3절에서 말한 대로 미야코를 기점으로 한 순회가구라가 야마다 만에도 내방하며, 야마다 초의 오스기 신사를 출발한 미코시는 몇 개의 마을을 순행해서 만의 중앙에 있는 오지마大島(난파한 네덜란드 배를 구조했다고 하는 전설에서 네덜란드섬이라고도 불리고 있다)로 행차하는 것으로 유명하지만, 아직도 모처럼의 자산을 일체화해서 북돋우는 것에는 부족한 인상이 있다.

히키후네曳船

예를 들면, 오스기 신사를 출발한 미코시는 야마다 초를 줄지어 천천히 행진한 후 예선으로 옆 마을로 건너가 그 마을과 지구의 미코시와 서로 공격을 연출하고, 차례로 순행하여 마지막에 오지마大島로 행차한다. 어느 기념일에는, 동북 각지의 미코

미코시가 행차하기 시작하는 곳에서 야마다 만을 바라보며

그림 5-2. 야마다만과 네덜란드섬

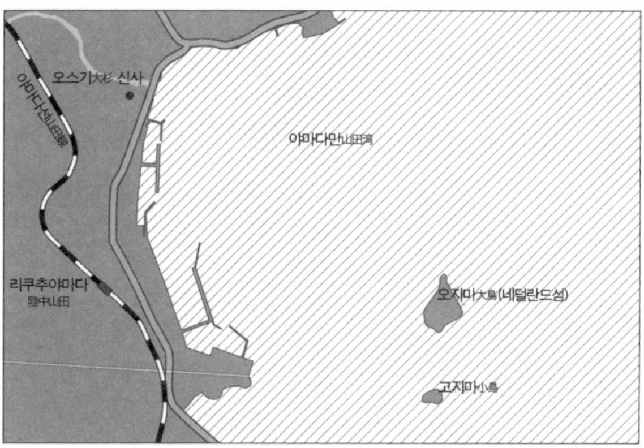

시가 야마다 만 위의 시설에서 특별 마쓰리를 연다. 더욱이 수년에 한 번 특별한 날에는, 아시아와 세계로부터 걸출한 민속예능이 모여들어 야마다만의 특설 무대에서 가장행렬을 펼친다.

야마다초에서 쓰레기 더미 속을 순행하는 미코시를 보았을 때, 이 마을 사람들이 마쓰리에 거는 마음은 역시 특별하구나라고 생각하지 않을 수 없었다. 이 마음이 정당하게 발현되는 무대가 정비만 된다면, 비견할 수 없는 바다의 아름다운 경관과 풍부한 자원이 그것에 걸맞게 숨을 쉬게 될 것이다. 시즈카와의 구로부네마쓰리黑船祭와 함께, 야마다만의 히키후네마쓰리曳船祭의 전승과 현재의 곤란 타개를 향한 가능한 구체적인 모습을 앞으로의 연구에 의해 명확하게 밝혀 나가고 싶다.

〈지진재해 이후를 생각하다〉 시리즈 간행에 부치는 와세다대학 출판부의 발간사

2011년 3월 11일 발생한 동일본대지진은 거대 지진과 쓰나미에 원전사고가 복합적으로 작용하여 인간의 상상을 초월하는 피해를 초래하였으며 그 충격은 전 세계를 경악시켰습니다. 이번 재해는 사람들의 사고방식과 행동 그리고 전제가 되는 제도에 대해 되묻는 계기가 되었고, 개인·조직·사회의 모든 면에 걸친 새로운 연구와 지식창조를 요구하는 사건이기도 하였습니다.

이러한 상황 아래, 일본을 대표하는 지적 공동체인 와세다대학에서는 지체 없이 부흥지원을 위한 여러 가지 행동을 취하였고, 동일본대지진 부흥연구 거점을 설립하였습니다. 또한 자원봉사자 파견을 비롯하여 재해 관련 연구와 이를 지원하기 위한 프로젝트를 활발히 전개해 나갔습니다.

와세다대학 출판부는 지식의 창조·보급·보존이라는 대학의 사명을 실현하기 위해 힘을 보태고자, 새로운 시리즈로서 와세다대학 Booklet 〈지진재해 이후를 생각하다〉의 간행에 착수하였습니다. 이 기획은 대진재의 참극을 딛고 일어서야 할 이재민들의 생활과 그들을 지원하는 활동, 그리고 이를 지지하는 연구 속에서 새로운 지식의 탄생을 모색하여, 그것을 관찰→분석→설명→행동…의 모든 단계에서 가능한 한 실시간으로 널리 사회에 제공하고자 하는 것입니다.

지식창조에는 완성이라는 것이 없고 늘 다음 단계의 과제를 향하게 마련입니다. 그런 까닭에 이 시리즈는 잡지의 기동성과 서적의 체계성을 겸비한 경쾌한 소책자 형태를 선택하였습니다. 또, 전문가와 실무자·시민·학생 등 각 계층이 읽기 쉽도록 편집하였고, 아울러 와세다대학이 포함하는 광대한 분야에 걸맞게 여러 가지 영역의 연구·지원 활동의 성과가 수록되었습니다. 후일 재해 극복과 부흥의 이야기들이 기쁨으로 회자될 때, 우리는 이러한 업적이 축적되어 크나큰 지식으로 가득 찬 백과사전으로서 많은 사람들에게 읽히기를 기대합니다.

부디 이 프로젝트에 독자로서, 그리고 저자로서, 참가해 주시기를 부탁드립니다.

2011년 11월
와세다대학 출판부

■ 나카가와 다케시中川武 (제1, 5장 집필, 감수)

와세다대학 이공학술원 교수

■ 마나베 레이코真鍋怜子 (제2장 집필)

와세다대학 대학원 창조이공학연구과 박사 후기과정

■ 요시하라 신이치吉原信一 (제3장 집필)

와세다대학 대학원 창조이공학연구과 석사과정

■ 요네자와 다카노리米澤貴紀 (제4장 공동집필)

와세다대학 이공학술원 조수

■ 미야자와 슈스케宮澤秀輔 (제4장 공동집필)

와세다대학 대학원 창조이공학연구과 석사과정

송완범

2005년 3월 일본 도쿄대학 대학원에서 일본고대사 전공으로 박사학위를 취득하였고, 현재는 고려대학교 일본연구센터 부교수(HK교수)로 재직 중이다. 연구영역은 동아시아에서의 일본사와 문화이며, 대표적인 논문으로는 〈나라시대의 백제왕씨와 문화적 특성〉, 〈백촌강전투와 왜—동아시아세계의 재편과 관련하여〉 등이 있고, 옮긴 책으로《교양으로 읽는 일본사상사》(공역),《일본의 고대사 인식》,《동아시아 역사와 일본》(공역) 등이 있다.

동일본대지진과 핵재난—와세다 리포트 5

문화유산의 보전과 부흥철학

초판발행 1쇄 2013년 3월 11일

편저자 나카가와 다케시
옮긴이 송완범
펴낸곳 고려대학교출판부
www.kupress.com
kupress@korea.ac.kr
136-701 서울특별시 성북구 안암로 145
02-3290-4230, 4232
Fax 923-6311
찍은곳 내일기획

ISBN 978-89-7641-805-0 04330
ISBN 978-89-7641-800-5 (세트)

값 7,000원

* 잘못 만들어진 책은 바꿔드립니다.